(ehemals Champagnerkönig)
Eine Erzählung von
Wolfgang Schorat

ISBN-978-3-932209-18-5

München, 25. August 1985

Wenn man als Königsadler ganz oben entspannt am Himmel entlang segelt und mit seinen Spatzenaugen nach unten aufs Land schaut dann sieht man ein kreisrundes Stück Inselland. Ein blühendes Inselchen voller grüner Felder, voller blühender Wiesen mit einigen weißen Flecken, die als Dörfer bezeichnet sind.

Diese Insel ist umgeben von anfänglich durchsichtigem klaren Wasser auf dessen Grund die Felsen und Sandböden zu sehen sind. Das aber immer tiefer werdend ins Dunkelblau reicht, genauso wie der Himmel. In einem mächtigen Sturzflug mit angezogenen Flügeln saust man dann durch die würzige Inselatmosphäre auf das Grün der Insel zu, vorbei an wild auseinander schreckenden Wildtaubenschwärme, vorbei an fliegenden Insekten von denen viele Vögel leben, - breitet dann seine mächtigen Schwingen aus, lässt die Landekrallen ausfahren und landet sachte auf dem Feldweg der jetzt, Ende April, noch mit einigen Aprilpfützen bestückt ist, ganz ruhig und entspannt auf dem Lehmboden.

Im Schilf das die Landwege und Felder umgibt, Schutz gegen Wind und Landverödung gewährt, liegt dann versteckt in einem Blechkoffer, all das was man braucht um sein Gefieder, seine scharfen Krallen und überhaupt sein Adlersein zu verändern, - nämlich in das eines Herrn, eines Menschen des Herrn „Z".

Als Herr „Z" lebt er in einem kleinen weißen rechteckigen Häuschen, dicht neben einem tief grünen Weizenfeld, dicht neben einem 300 baumgroßen Olivenbaumgarten, dicht neben einem Weinfeld, - das aber nicht sehr viel heult, - direkt an einer Feldwegkreuzung, wo noch die Wege mit von den Feldern gesammelten Steinmauern umgeben sind. Und von dort hatte er einen langen Blick hinunter zum Meer des Bewusstseins, das sich mehr und mehr erwärmte. Aus welchem zur Mondzeit jeden Tag der Mond frisch gewaschen in den Himmel schwebte, aber auch die Sonne jeden Tag ihren Durst stillte bevor sie erneut auf ihre Hitzereise in das All ging. Die Sonne hatte aber sehr kurze Beine, kurze Feuerbeine die immer Kreisrund zu gehen schienen.

Etwa 250 Meter nördlich vom rechteckigen weißen Häuschen war noch ein anderes älteres weißes Häuschen in dem ein alter Mann mit seiner rundlichen alten Frau und einem freundlich ängstlichen Hund lebte. Irgendwo auf den Feldern meckerten ihre Schafe. Die Häuser hatten kein fließendes Wasser, sie hatten keine Stadttoilette, keine Elektrizität, keinen Stadtkomfort. Auf dem Dach des Herrn „Z" Haus standen 200 - Liter Fässer gefüllt mit Wasser, das wenn es zur Neige ging vom Hausbesitzer durch eine motorisch getriebene Pumpe wieder gefüllt wurde, mit Schläuchen die zur Feldbewässerung benutzt wurden und Wasser das in ein 15 bei 6 Meter Wasserauffangbecken kam. Das Auffangbecken war etwa 2 Meter tief. Vom Haus ging ein 50 Zentimeter breiter gemauerter Auffangkanal direkt zum Becken und das auf dem Dach angesammelte Regenwasser wurde in diesen Kanal geleitet und somit nutzbar gemacht. Alles sehr einfach und nützlich. Neben dem Auffangkanal, der auf einer Wegmauer gesetzt war, ging ein stark bewachsener Feldweg zum Auffangbecken der links mit 3-4 Meter hohem Schilf bewachsen war, so wie es nun mal im Süden Europas wächst. Der Weg endete vor dem Feld auf welchem Zucchini, Honigmelonen, Auberginen, Bohnen, Kartoffeln und andere Gemüsesorten wuchsen die ja so köstlich und belebend sind. Zwischen den Feldwegmauern lebten Eidechsen aller Größen und Farben und Temperamente.

Im Auffangbecken selber schlüpften tagtäglich verschiedene Sorten Libellen die sehr gut beim Entpuppen be-

obachtet werden konnten, da sie an den glatten Beckenwänden sehr leicht zu erkennen waren. Angefangen von
der Adonislibelle, der Federlibelle, die Mosaikjungfer und
die kleinere Heidelibelle, waren sie hier alle am Leben.
Herr „Z" mit seinen Adleraugen sah ihre Facettenaugen
nur zu genau.

Die Wassertonnen hatten Wasser für die Toilette und
Wasser für die Dusche die außen an der Seitenwand zum
Olivenbaumgarten angebracht war. Das Haus war in zwei
Zimmer geteilt. Das kleine Zimmer, mit kleinem Fenster
zum Meer des Bewusstseins hin, war das Schlafzimmer
in dem nur ein Bett und ein Kleiderablagefach mit Kleider-
stange von Wand zu Wand war. Eine einfach gezimmerte
Holztür führte vor das Haus von wo der stark bewachse-
ne Schilf Feldweg zum Wasserbecken ging. Eine andere
Tür Öffnung ging zum größeren Zimmer mit Fenster zum
Süden und sonst nur eine in der Mitte geteilten Holztür
wieder zum Vorhof mit dem stark bewachsenen Feldweg.
Diese Tür war dann schön halbwegs zu öffnen, mit Blick
auf das hohe Schilf welches fast immer raschelte. Vor
dem Schilf hatte man in der Länge des Hauses eine ge-
mauerte Sitzbank erarbeitet, die auch in Weiß getüncht
war. Alles hatte abgerundete Kanten und wirkte sympa-
thischer. Der Boden zwischen der Länge des Hauses und
der Breite bis zur Sitzbank vor dem Schilf war mit kleinem
weißen Marmorkies ausgelegt, der diesem Platz eine
sehr feine Atmosphäre gab. In dem großen Zimmer stand
ein Tisch, hingen zwei HolzRegale, war ein gemauertes
Abwaschbecken mit Ablauf in den Auffangkanal der auch
vorne unterm Haus entlang führte und unter den Feldweg zum Weizenfeld hin, dort weiter entlang der Steinmauer führte um so viel Regenwasser wie nur möglich
einzusammeln, denn in einer Woche würde hier fast mit
Bestimmtheit kein Regen bis Mitte/Ende Oktober mehr

fallen. In der Ecke des Zimmers war auch noch ein gemauertes Ofenfleckchen für einen Gasofen unter dem die Gasflasche abgestellt werden konnte. Neben der Tür war noch eine aus Brettern zusammen gezimmerte Couch für eine Person. Die Decken waren mit Schilfrohren verziert, sehr schön aussehend.

In dieser Gegend und Umgebung stolzierte der Herr „Z" also mit offenen Augen herum. Er hatte noch etwas Geld um einige Zeit, ohne in der Tretmühle der Monotonie zu arbeiten, weiter zu leben, aber auch ansonsten würde er nicht mehr in Fabriken oder Konzernen arbeiten, denn hier auf dieser Insel konnte er die Dorfboutiquen mit Messingspiegeln, in Marokko eingekauft, beliefern. Das war alles sehr erfreulich und vor allen Dingen freiheitlich sehr leicht. Man brauchte hier wenig, das Häuschen kostete nur 230 Mark Miete im Monat und sehr Vieles bekam man sogar umsonst von den Bauern an Gemüse geschenkt.

Da aber die Insel vom Meer des Bewusstseins umgeben war, brauchte man auf ganz natürliche Art und Weise sowieso viel weniger. Weil das Meer des Bewusstseins den Menschen mit feiner, sehr subtiler, Nahrung umgab, was sich auf den Körper so auswirkte, dass er ganz leicht wurde und man sozusagen über das Land tänzelte, immer in feinster Schwingung gehüllt. Weil aber auch das Meer des Bewusstseins so nahe war, die Insel damit speiste und auf ihr keine großen Städte sowie verseuchende Industrien waren, war das Leben oder das Bewusstsein, oder die Seele, oder der Geist, was alles das Gleiche ist, hier noch sehr sehr sauber, welches die Grundvoraussetzung für blühende, frische, glückliche Menschen ist, denn die Umgebung wirkt ja auf alles andere Lebende und gibt entweder ihre Schönheit oder ihre Verkommenheit zurück.

Deswegen gibt es für Städte nur einen Weg, sie rücksichtslos zu erneuern, in Allem die Qualität und die damit verbundene Schönheit in Architektur, in Straßenbau, in Gartenbau oder andere Arten der Technologie zu investieren, ansonsten sind die Städte der größte Krampf, das fetteste Krebsgeschwür in dem die Menschen vorgeben zu leben. Wenn die Sinne keine schöne Umgebung haben, die Nase keinen angenehmen Duft aufnimmt, die Ohren keine bezaubernden Töne hören, wird aus dem Menschen, Beton, wird aus ihm Pappe, wird aus ihm Autoabgase die seine Gehirngänge verkleistern, die Ohren mit Gebrumme verwöhnen und die Augen andauernd auf Kacke von Hunden, auf Ölflecken der Autos, Ruß verschmutzte Häuserwände und schlunzigen Häusern blicken lässt... Nur Schönheit in allen Bereichen macht aus einer Stadt eine Stadt die zum Meer des Bewusstseins wird. Ohne dem wird aus dem Menschen niemals etwas vernünftig Schönes und Freies.

Was sonst noch sehr vernünftig und schön war, war das Schilfdach das man vom Hausdach zu den Eckpfeilern der Sitzbank vor dem Schilf, mit dem weißen Marmorkies, gelegt hatte. Das Schilfdach gab den nötigen Schatten für diese Hausveranda.

Als Herr „Z" nun wieder von seinem Adler Höhenflug gelandet war und als Mensch unter diesem Schilfdach stand, setzte er sich erstmal auf die Bank. Die beiden jungen Katzen, um die 6 Wochen jung, schliefen in der Krümmung einer Autositz Kopfstütze die gegen die Hauswand gelegt war. Jetzt passten sie noch niedlich dort rein. Dicke schwarze Käfer brummten an dem Wäschepfosten herum, in dem sie sich doch tatsächlich eine Höhle bohrten um dort kostenlos zu wohnen. Die Goldammer saß irgendwo im Schilf und sang ihr Lied, irgendwo weiter übertönte aber eine Kappenammer den Song der Goldammer. In den Olivenbäumen nisteten direkt neben dem Haus Stieglitze. Ihr Nest war sehr klein und gar nicht einfach zu finden. Aber das bettelnde Gejammer der Jungvögel verriet doch ihren Wohnort. Irgendwo auf den anderen Feldern gurrten die Türkentauben. Auf diese war der Nachbar sehr scharf und spät Nachmittags hörte man ihn mit seiner Flinte jagen.

Jeden Tag zweimal flogen die Bienenfresser mit ihrem eleganten Gleiten hinter den Hummeln, Schmetterlingen oder Bienen her sausend am Haus vorbei. Ihr Tüdelüt war immer ein Aufruf ihnen nachzuschauen, denn sie waren nicht nur elegante Flieger, sie waren auch elegant aussehend und einer der kräftig gefärbtesten Vögel im Universum überhaupt. Herr „Z" konnte ihnen Stundenlang zusehen und zuhören. Manchmal kamen sie und setzten sich auf das nicht weit entfernte Telefonnetz aus Drähten. Auf diesen Telefondrähten saßen auch bei prallem Sonnen-licht die Steinkäuze die ihn dann kopfnickend erstaunt anschauten. Abends wurden sie dann sprachaktiv, man konnte sie so zum Haus locken indem man ihre Laute nachahmte. Einmal hatte der schwebende Herr „Z" einen Eulenruf nachgeahmt den er zuvor noch nie gehört hatte, ein dumpfes abfallendes Wüüohh, das sich ganz lang zog. Diese Eule gab die Töne von sich als sie flog, so schien es. Nach circa 20 Minuten flog auf einmal ein Riesenvogel ganz dicht an seinem blonden Kopf vorbei. Er hatte nicht gewusst das hier der Uhu noch lebte. Herr „Z" versteckte sich sofort im Schilf und rief weiter, und tatsächlich kam die Rieseneule noch mehrere Male wieder um zu sehen welcher Uhu denn nun in seinem Jagdrevier Uhute. Das war eine faszinierende Erfahrung, sozusagen erhebend, und er wurde noch leichter im Leben. Kein Wunder, das Meer des Bewusstseins, unverseucht, nicht stinkend wie die Nordsee, nicht versaut wie die nördliche Adria, machte sowas möglich. Und da er ja selbst ein Teil des Meers des Bewusstseins war, konnte das wahre Meer des Be-

wusstseins für ihn so immer in seinen Bann ziehen. Jetzt da die Hitze des Tages das Wasser in den Feldwegpfützen verdampfte, die Zikaden zu Surren anfingen, einzelne dicke Kumuluswolken vorbei segelten, irgendwo vereinzelte Schauer niederfielen, war er jetzt sehr froh diesen Schritt der Eigenverantwortung auf sich genommen zu haben, dass er hier lebte, dass er sich selbst dadurch besser kennenlernte, sich sah und an sich selbst erfreuen konnte. Allzuoft für Andere fing er grundlos zu Grinsen oder zu Lächeln an. Allzuoft fragten ihn Andere weshalb er denn nun lächele, allzuoft verstanden sie nicht das man das Lächeln selber ist, dass man von glücklichem Schmunzeln durchdrungen war, dieses Wissen ran schafft, Ende,-warum.-warum.
Aber kein Verständnis-Wissen, ja wieder einmal etwas erfahren, wieder aber sehr wenig verstanden. Irgendwie blieb in den Köpfen vieles verbindungslos. Das ist nicht der Sinn der Wissenansammlung. Der Sinn der Wissen-an-
Sammlung ist der zu Verbinden was sowieso immer verbunden ist. Aber das Ego, das im Gehirn haust und meint es wäre alleine, was ja die höchste Ignoranz des Egos darstellt, das ist sozusagen die stachelig dumme Krone des Egos, das kann meistens mit dem Wissen dann nur den Stepptanz des Herumfurzens machen, mehr bringt das nicht gegenüber der Vernunft, die direkter mit dem Meer des Bewusstseins verbunden ist.
So saß Herr „Z" nun dort auf der Bank, lächelnd, erfreut wie alles andere in seiner Umgebung. Seine Ausstrahlung war sogar so aggressionslos geworden, dass die anderen Lebewesen ihn nicht so fürchteten, das gefiel ihm gut. Sehr gut war ja nun wirklich hier zu sein und zu wissen das der Staat oder die Politiker, oder die Nation, oder die Fabrik, oder die Menschheit für ihn keine Verantwortung

hatten, - er war schon so geboren worden. Da aber die Verantwortung verschiedene Verantwortungen in unterschiedlichsten Menschen zum Vorschein bringt, war auch Herr „Z" am Ende der Sprache, am Ende der Buchstaben, am Ende der Verantwortung angekommen sobald ihm gedanklich bewusst wurde, dass er von nun an selbst verantwortlich ist.

In all dieser natürlichen Schönheit, umgeben vom Meer des Bewusstseins, im poetischen Fliegen der alles durchdringenden Einheit, war seine Verantwortung der Weg vorwärts zur Quelle zu kommen, denn Singen, Tanzen, GlücklichSein, das war er von Geburt an. Doch mit der Zeit sah er das einerseits sowas gar nicht gefragt ist, andererseits doch. Er sah das letztendlich immer wieder das Ego im Menschen entschied welche individuelle Seinsweise nun eben zur Masse hochgehoben werden sollte, und davon wollte er sich nicht abhängig machen. Die Arbeitswelt war global von solch einer verbohrten Ernsthaftigkeit durchlöchert, dass innerhalb seines körperlichen Da-Seins es für ihn eine Art Opfer werden würde, wenn er weiterhin immer nur diese ernsten verbohrten Fressen sah die ihre gekünstelten elektrischen Lächeln lebten - und das auch noch für unabänderlich hielten.

Die Entscheidung war getroffen, er wollte weiter als nur übern Kopf glücklich sein, was ja getäuscht ist weil es auf einem Kraftaufwand aufbaut der aus einer flachen Quelle kommt. Er wollte die Quelle und keine andere Quelle in sich öffnen, - selbst die Quelle werden. Und weil er so oft lächelte, seine Eigenarten hatte die anderen, obwohl er glücklich war, als obscure vorkamen, sie sogar meinten er wäre etwas Spagettiartig geraten, etwas zermatscht, wunderte er sich weshalb sie überhaupt Augen im Kopf hatten. Er lächelte doch, er ging beschwingt, er hatte Kraft, er war freundlich, - was sahen die bloß. Möglicherweise wa-

ren die wirklich tot. Da war nur das Gehirn vorhanden in welchem ganz fein der Geist lebte der verbunden mit der kosmischen Energie war, die aus dem Meer des Bewusstseins kam. Aber trotzdem waren ihre Köpfe irgendwie wirr. Die Vorurteile, der Neid, das Nicht-gönnen wenn jemand glücklich war, war nämlich in der Masse auch noch zu durchleben, zu bekämpfen, aber das überließ er denen, er würde nicht gegen sie kämpfen. Das kleine Egöchen in ihnen das sie für groß hielten, das sie stärken wollten, das sie aufblasen wollten, ließ eben niemand anders zu, dem es einfach besser ging, der aktiver abgestimmt war, feiner hörte, feiner sah, - nein beim Egoistischen da muss jeder immer schlechter aber niemals besser als er selber sein. Zugegeben, er entwickelte dann auch seine Wege konsequent. Einer davon war das er des öfteren mit einem großen Sonnenschirm, dem orangenem, - wobei hier kein Sanjassins-Schirm verwendet wurde, - spazieren ging. Es war ein 2,5-Meter-Schirm der normalerweise einen soliden Ständer brauchte, der an beiden gegenüberliegenden Seiten abgeschnitten war und so nicht ganz rund war. Mit diesem Schirm erschien er dann im Dorf das 25 Geh-Minuten entfernt war. Ob es nun regnete oder die Sonne grinste, er ging mit dem offenen Schirm. Beim starken Wind, dem Meltemi, der vom Norden über die türkische Ebene kam, raus aus dem russischen Mief, wars dann manchmal so blasend das er sich am Schirm festhalten musste und einige Meter mitgerissen wurde. Dann dauerte der Weg zum Dorf manchmal 1,5 GehStunden. Aber er hatte ja keine Zeit, die Zeit hatten die Anderen die eine Uhr trugen. Und wenn man selbst die Zeit ist, -wozu dann noch U(h)r-Zeit. Und dann seine Garderobe...
Flattrige Satinhosen in tiefem Blau oder Schwarz, sogar Burgunderrot und immer nur weiße Hemden aus einer Dresdner Bäckerei. Das war zu viel DDR-Hemden aus

solidem Leinen. Die zivile Dorfpolizei, die überall lauerte, fing schon an ihn deswegen zu bespitzeln. Er merkte es wenn sie mit ihren OctopussyAugen um die Ecke schielten. Dabei war das Dorf so schön, ja, es war sehr schön -alles in weiß getüncht, selbst die Gehwege. Und vor den Häusern, den kleinen, überall Blumentöpfe. Natürlich legte ab und zu ein Esel, solch ein Esel, seine EselsÄpfel auf die getünchte Schönheit. Und wenn Herr „Z" dann vor Ihnen stand dann wurden die zivilen Polizisten ganz nervös, - womöglich ist in dem Kot eine eingefressene Anti-InselBotschaft.

Doch die Schwalben, die Rauchigen, sie zwitscherten sehr frei, fröhlich Fliegen fangend für alle und das brach dann die Enge der zu eng eingemauerten Gedankengänge. Und diese Zugemauertheit schlug seit Jahrzehnten und wohl schon seit Jahrhunderten, sicherlich schon seit Jahrtausenden und womöglich schon seit Jahrmillionen auf viele ein, die damit leben müssen. Aber weshalb ist das so. Weshalb sind manche so fantastisch und andere so un fantastisch. Die WiedergeburtsLehre von wem auch er erkannt, kommt hier zum Zuge. Zuerst waren Alle Gott Bewusstsein, - die Seele selber, das Leben, - aber dann taumelten die Göttlichkeiten trotz ihrer Göttlichkeit in den Sumpf ihrer Sumpfigkeit und deswegen sind manche so Brilliant solche Genüsse und andere dem Eselskot verwandt. Bloß die Kraft, die Natur, Gott, das Bewusstsein sich so in die Irre leben konnte, das war wohl der Anfang dessen was die Menschen mysteriös nennen.

Also ich, rief Herr „Z" auf einmal laut aus, so dass die Ammern im Schilf sofort verstummten, -Ich habe überhaupt gar nichts gegen die Wiedergeburt. Das Leben ist so fantastisch wenn man weiß wie man lebt und wo man leben sollte, ich würde gerne noch unendlich mal wiedergeboren werden. Und das ist ja wohl auch der Fall. Die Leute

freuen sich schon wenn sie sterben. Ja das ist allgemein bekannt und beliebt zu sterben und zu wissen das sich der strahlende Astralkörper mit dem Kausalkörper vom Grobstofflichen Körper entfernt. Sich der Geist von den Sinnen zurückzieht, wieder in die kosmische Energie zurückkehrt die im individuellen Bewusstsein dann bleibt. Und im Moment wo der Körper zurückgelassen wird erfährt das universale Gedächtnis, das jedes Wesen hat, wo es wiedergeboren wird. Ahh, sehr schön, sehr beliebt, sehr populär dieses Wissen. Übrig bleibt der Körper ohne Leben, ohne Bewusstsein - Geist - Kraft, kein Leben. Und wuchs hinein in die feine Sphäre die die Körpersinne niemals sehen weder hören können. Auch nicht die besten Vergrößerungsgläser können das, - so wirds jedenfalls von denen beschrieben die ihre Quelle erreicht haben.
Sind es vielleicht die Unglücklichen die - nein, niemals. Die Welt ist so, ist also auch Gott bloß das Wort Gott, ist so zerkaut das nun Bewusstsein benutzt wird das noch frisch nach Pfefferminze schmeckt. Inzwischen waren die Kätzchen aufgewacht. Die Graue dort unten, sie wurde Kaiser-Wilhelm genannt. Interessant war als das Kätzchen noch keinen Namen hatte und man es einfach Mietzchen rief, - hörte es nicht, aber sobald man ihm den Kaiser-Wilhelm zukommen ließ, war es auf einmal wacher und - hörte wenn es gerufen wurde. In dem Moment konnte man gut sehen wie das kosmische Bewusstsein in Allem war und wirkte. Plötzlich fiel ihm ein - ach ja, - es ist viel schwieriger den Weg der Quelle zu wählen, denn dann wird man ja angeblich nie mehr wiedergeboren, und das wollten sie doch fast alle. Deswegen auch die ganze Misere, nur damit sie wiedergeboren werden. Und er wollte zur Quelle. Das bedeutet doch nie-nie-niiiiiie mehr wiedergeboren werden. Aber wo würde er da sein. Wo würde er da bleiben. Ist überhaupt schon jemals Je-

mand wiedergeboren worden. Nein.
Ganz einfach - Nein. Niemand.
Und wenn das was hinter dem Sichtbaren ist wiedergeboren wird, das Ursprüngliche-Ewige-Immerdaseiende, was macht es da schon aus, es ist ja immer das Gleiche, bloß die Form ist verändert. Oder hat die veränderte Form etwas mit der Erkennbarkeit des Unendlichen zu tun, so dass Es sich besser mitteilen kann. Das wäre aber absurd, - das Beste hat Schwierigkeiten sich eine Form zu geben damit es auf seiner eigenen Kreation Erde sich besser mitteilen kann, - absurd, - blöde.
Die beiden Katzen fingen an ihre Spielchen zu machen. Sie tollten auf dem Weg herum, beobachteten alles was sich bewegt und hatten immer große interessierte Kulleraugen dabei. Die Tageshitze fing nun an auf's Land zu drücken. Alles wurde stiller, bloß die Zikaden nicht, sie zirpten auf vollem Crescendo.
Herr „Z" saß unter der Schilfbedachung auf dem weißen Kies vor seinem weißen Tisch den er aus einer Tür gemacht hatte und die auf zwei Klappbeinen lag, so konnte er den Tisch jederzeit entfernen, denn die Bauern die das Land hier bestellten und das Wasser auffüllten mussten auch einmal in der Woche hier durch. Die ganze Umgebung strahlte Schönheit aus.
Er war nun schon über drei Jahre alleine, - alleine in dem Sinne das er immer weniger sprach, immer weniger, sprach immer weniger, sprach -das kam von ganz alleine. So wusste er gar nicht was ihm da vor sich ging, - damals wollte er nur sozusagen Zu-Sich-Selber-Kommen, mal abschalten, mal einfach leben, mal Frei-Sein, - das ganze Geplapper der Menschen, ihre Glücklichkeit, ihr Lächeln, das Kino oder die Erkenntnisse, das hatte er ganz bewusst nicht mehr haben wollen.
Wenn jemand ihm etwas erzählte dann reagierte er erst

gar nicht mehr darauf, er ließ sich sehr, sehr viel Zeit dafür. Und das war den Meisten dann schon viel zu viel Zeit, sie gingen alle ihre eigenen Wege. Und er wurde mehr zu dem was er wollte, er wurde frei vom Reden, - er wollte ja kein Weltverbesserer werden. Er wollte auch kein Zeigefinger der Geselligkeit sein, noch ein Fachmann in der Industrie, auch kein Frauenheld oder Kinostar, - er wollte sehen was er war wenn er gar nichts wurde. Er hatte sich schon als Kind gedacht wie es ist wenn man ganz mit Sich ist. Früher als er noch durch die Buchenwälder lief und Mooshäuser für Eichhörnchen und Mäuse an die Baumstämme gebaut hatte, da kamen solche Gedanken, aber das Leben hatte ihn dann in eine andere Richtung geführt. Beruf, - Berufung war das aber nicht. Geld, Auto, Fachwissen, - all der übliche Kram der ja schön ist, - wenn ihm nicht klar geworden wäre, dass in der Masse zwischen den Nationen über dem politisch-kirchlichen Geschluder ein Hauch von Kaputtheit lag, der auch ihn kaputt machen würde, - ganz einfach so weil er da mitten drin war. Und er war anders.

Er war immer schon glücklich und einsam. Das konnte die Berührung mit der Zivilisation, mit der Hochkultur auch nicht verändern. Das war in ihm noch am Leben geblieben. Und das hatte sich dann ganz von selbst durchgesetzt. Er hatte also langsam immer weniger gesprochen. Er hatte ja über 30 Jahre immer gesprochen. Jetzt müsste er wohl mal so lange schweigen. Ihm fiel aber nun nach drei Jahren auf das sich da Nuancen einschlichen die ihm noch nicht ganz geheuer waren. Er war so still geworden, in dem er nun allein frei für sich war, - er war so vertieft, dass wenn jemand zu ihm kam und mit ihm reden wollte das Reden kaum möglich war. Es fing an einem kleinen Elend zu gleichen, als ob die Töne in ihm gar nicht mehr zum Vorschein kommen konnten, er hatte kleine Schwie-

rigkeiten sie durch den Körper zum Schwingen zu bringen. Seine Stimme war ganz anders, ganz unmelodisch trocken. Überhaupt war auch klar geworden das die Stille in ihm so weit lag, dass wenn er nun mal anfing zu reden die Anderen ihn mit den Augen - der ist doch blöde -anschauten.
Aber Herr „Z" wusste das er wusste, dass ihn durch die Erfahrung der Stille kaum jemand verstehen konnte, - er war aus der Welt des Klangs entschwunden, - trotzdem hörte er aber unwahrscheinlich gerne der Natur zu oder auch den Menschen auf dem Dorfplatz, den Fischern beim Netze reparieren, - Und mit der Stille veränderte sich auch sein Sehen, er sah Übereinstimmung auf Übereinstimmung, er sah Zusammenhänge, aber auch Jene die versuchten kaputt zumachen, - er sah durch die Masken hindurch. Die tiefere Ebene des Sprechens, der Töne, schien ihm immer mehr und mehr zu entgleiten, Zeit war für ihn nur noch Uhrzeit, zweckbedingte Bewegung in der Erkenntnis der Veränderung der Formen. Tagelang saß er da zwischen den Insekten, den Vögeln, den Libellen, den Ameisen, den Schmetterlingen, Schlangen und Skorpionen, den Blumen auf den Feldern und den weißen Wolken die sich im Meer des Bewusstseins spiegelten und starrte nur keine Gedanken mehr, - das war sehr, sehr angenehm, sehr sehr Leichtmachend, sehr sehr Glücklich machend.
Und er hielt daran fest auch wenn sich ihm Menschen näherten, er wollte nicht mehr mit ihnen reden. Er würde sich eine Zeichensprache ausdenken oder alles auf Papier schreiben.
Im Dorf munkelte man schon das jetzt langsam ein zweiter Verrückter ins Dorf kommt, - der Verrückte mit dem rot-orangenen Sonnenschirm, denn es gab im Dorf einen anderen Verrückten der einen ganz irren starren Blick hat-

te.
Eines war ihm ganz klar geworden, - es ist für ihn ganz leicht gewesen in die Stille zu gehen, -aus der Welt des Klangs in ihm in die Welt der Nicht-Klangheit zu steigen. Aber wehe, der Versuch nun zurückzukommen war sehr sehr trickreich, er kannte sich gar nicht wieder, er hatte so viel Kraft, dass beim Versuch zu sprechen seine Augen ganz rot wurden, sein Körper fing an zu zittern, er schwitzte. Die Vibration im Körper, die Muskeln, die Organe waren völlig durchgedreht wenn er anfing zu sprechen, - die sprachen selbst nicht mehr.
Aber warum wollte er wieder sprechen, ihm war so, dass der Versuch wieder zu sprechen noch keine Möglichkeit war bei der Sprache zu bleiben. Wenn er jetzt aufhört sich um das Sprechen zu bemühen würde er völlig aus der Sprache der Klänge entschwinden, würde nie mehr sprechen können, er würde der Ton werden den man hört wenn man eine Hand nicht zusammenklappt. Diese Stille ist das wirklich seine Heimat?
Und was ist das hier, die Städte, die Nationalitäten, die Flüsse, die Berge, - ist das nicht auch seine Heimat, -Heimat, was für ein Wort.
Irgendein organischer Mechanismus in ihm schien brach gelegt zu werden, - Gleichgewicht - er musste im Gleichgewicht bleiben. Aber Gleichgewicht ist nicht ausbalancierte Balance wo zwei Gewichte zu gehören, - Gleichgewicht ist gleich-Gewicht. Eine Einheit, keine Einheit aus einer Zweiheit. Nun ja, er würde nicht daran verzweifeln oder unruhig werden, - Nein.
Reines Beobachten war's geworden. Er hatte völliges Vertrauen in die Existenz des Schönen, in die Existenz des Hässlichen, in die Totalität - wie sie war.
Vielleicht sollte er mal auskosten wie es ist verrückt zu sein. Die Anderen sagen ja immer Einer ist verrückt. Okay,

er sagte nun auch zu sich, er ist ver-rückt, aber ver-rückt ist jeder Mensch jeden Tag, denn wer kann schon immer auf einen Platz bleiben, - werden sie nicht alle andauernd verrückt gemacht. Sagen nicht die Vorgesetzten, gehen sie mal dort und dort hin oder sie werden dorthin versetzt, - ver-rücken sie mal ihre Position. Wird man nicht morgens beim Aufwachen schon verrückt oder beim Zähneputzen. Andauernd wird etwas verrückt, sogar die Erde, das Universum wird andauernd verrückt, - also was ist schon dabei, - verrückt ist Lockerheit, Tanzen, Singen, Bewegung, - verrückt ist nicht Wahnsinn, „Schraube locker" oder „Plemmplemm". Das Hirn ist ja kein Uhrwerk in dem eine Schraube locker ist. Und überhaupt, durch das andauernde Sprechen sind die meisten doch so Abhängigen von Wörtern geworden, dass sie sich selbst weniger trauen als den Wörtern, - sie hängen praktisch an den Wörtern.
Sie hängen an den Wörtern rief Herr „Z" auf einmal ganz laut aus, - er musste seine Stimme wieder hören. Die beiden Kätzchen liefen erschrocken unter die Kanalisation vor dem Haus dass das Regenwasser ins Becken leitete.
Inzwischen hatte sich der verrückte Herr „Z" nun etwas zu essen auf den Tisch gestellt, eine Gurke, Tomaten, Käse, ein bisschen Wein, etwas Joghurt, Brot und Gewürze. Und er mampfte da so schön in sich hinein als plötzlich ein Schuss ertönte und er doch tatsächlich das Surren der Kugel nahen hörte. Sofort flogen die Tauben in dem Schilf erschrocken auf. Der Nachbar, der war nicht verrückt, der war blind und wahnsinnig, er jagte schon wieder Tauben die hier vor dem Haus ihren Frieden fanden. Ja, ist der Kerl denn verrückt, mensch.
Herr „Z" stand auf und rief etwas zu ihm hinüber, etwas das mit Kot zu tun hatte. Danach schoß er in andere Rich-

19

tungen.
Das ist jetzt schon mehrere Male passiert. Der Kerl ist wirklich verrückt.
Der torkelt hier auf dieser Insel zwischen Gerissenheit und Lächeln herum, so wie die Menschen in den Städten auch. Das Lächeln war der Idealismus und die Gerissenheit war die Wirklichkeit der Situation in der er sich befand. Genauso wie in der Stadt. Die tatsächliche menschliche Situation die kann niemand erkennen, die ist zu groß, zu lang, zu dick, zu breit, zu rund, zu unendlich, zu klein, zu endlos klein. Bring' zwei Menschen im Paradies zusammen und sofort entsteht der nächste Weltkrieg.
Aber die Welt ist so, ist also auch Gott-Kraft, Natur, Bewusstsein.
Nachdem er nun gespeist hatte und sich einen kleinen Wein genehmigt hatte würde er nun seinen alltäglichen Spaziergang machen, - den mit dem großen orangeroten Sonnenschirm. Natürlich hatte er zuvor alles auf's Beste aufgeräumt, das musste auch so sein denn die Insekten die würden ansonsten hier alles zerfressen und noch mehr Insekten anlocken.
Sein Spaziergang führte ihn nun nicht zum Meer des Bewusstseins, sondern zum Weg des Bewusstseins auf dem die Ameisen ihre Landungen an Blättern, toten Insekten oder auch zerfahrenen kleinen Eidechsen, Käfern oder Würmern in ihre Behausung schleppten die mitten auf dem Feldweg war. Dort mitten auf dem Feldweg trafen sich drei Hauptadern der hektischen Rushhoure dieser emsigen Ranschaffer. Eine Richtung kam von seinem Haus, eine vom Olivenbaumfeld und eine vom Gerstenfeld. Tagtäglich schaute er ihnen zu, manchmal brachte er ihnen auch tote Insekten mit und legte sie auf ihren Pfad.
Heute war eine Ameise in der Nähe des Hauses damit beschäftigt ein Gerstenkorn - nicht das, welches man am

Auge trägt - voran zu schleppen, - das Korn war viermal so groß wie die Ameise.
Herr „Z" holte sein Vergrößerungsglas hervor und schaute ihr zu wie sie sich abstrampelte. Er beugte sich ganz nahe zu ihr um zu hören ob sie nun keuchte oder stöhnte
Aber nichts dergleichen.
Doch als er dann genauer hinschaute sah er wie sie ihren Kopf zur Seite drehte und ihn anschaute. Herr „Z" meinte zu glauben das sie ihn bemerkt hätte, dass sie selbst Bewusstsein hat, das muss sie ja, sonst wäre sie ja nicht fähig gewesen etwas voran zu bringen. Das erstaunte ihn wieder.
Tatsächlich, zuerst putzte die Ameise ihre Fühler um doch dann ihr kleines verstecktes Megaphon unter der linken Beinseite hervor zu holen. Das musste Herr „Z" nun alles sehen. Seine Augen wurden größer als sein Gesicht.
Wer auf den Zehenspitzen steht, steht nicht fest hörte er dann, wer mit gespreizten Beinen geht der kommt nicht vorwärts piepste die Ameise durchs Megaphon. Wer sich hervortut wird nicht erkannt rief sie. Blödsinn meinte Herr „Z", wie sollst du denn sonst erkannt werden... Das meinen wir nicht mit Erkennen rief die Ameise, den Körper kann jeder der sehen kann sehen. Wer sich selbst Recht gibt wird nicht geehrt rief sie wieder. Aber heutzutage wo jeder den Anderen runter buttert muss man sich selbst Recht geben, ansonsten wird man doch ver-rückt. Man wird abhängig, entwickelt keine Individualität, man wird monoton, zombiartig, wie die politischen Systeme.
Du bist zu weit entfernt trotz deiner Stille rief die Ameise. Dann sprach sie weiter, wer sich seiner Verdienste rühmt dem kommen keine Verdienste zu, wer prahlt wird nicht hoch geachtet.
Aus der Sicht des Weges ist dies wie übermäßiges Essen und wie nutzloses Bemühen. Darum gilt folgendes :Wer

dem Weg folgt, der lässt alles zurück...
Wiederhole das nochmal rief Herr „Z".
Wer dem Weg folgt der lässt alles zurück...
Mhhhm.., das klang sehr fein, das war Musik, das war prima, - wer dem Weg folgt der lässt alles zurück, - auch die Sprache. Ja, auch die Sprache sagte die Ameise.
Ohhh, du bist ja sehr Weise meinte Herr „Z" zu ihr.
Ja wir Ameisen bauen keine Atombomben auch keine Giftautos, weder noch Roboter. Wir haben mit solchen Fehlentwicklungen uns nicht vom Weg abgebracht, deshalb haben wir die Möglichkeit weise zu werden ohne uns mit Streitereien abzugeben. Ihr habt aber auch keine Hände wie wir erwiderte Herr „Z".
Was haben wir nicht, schau nur, mit meinen Händen trage ich dieses Gerstenkorn, dreimal so schwer wie ich, dazu müsst ihr schon russische Anabolikafiguren aufpumpen, aber bei uns ist das nicht nötig weil wir nie vom Weg abgekommen sind, wir sind reines Bewusstsein geblieben. Wir sind die Kraft selbst.
Dann packte die Ameise ihr Megaphon weg und schleppte weiter.
Diese Art der Spaziergänge faszinierte Herrn „Z".
Durch diese Kommunikation erkannte er wieder die Einheit von Allem, Alles, sprach Alles, sah Alles, fühlte, Alles war lebendig, zusammenhängend und das aufgeblasene AtombombenEgo der Menschen wurde zum stinkenden schwefligen Furz.
Herr „Z" ging weiter, vorsichtig nicht die Ameisen zu zertreten, aber das war fast unmöglich, - fliegen konnte er ja nicht. So tänzelte er mit seiner blauen Satinhose und dem weißen Hemd aus Leipzigs Bäckereien und den großen Schirm haltend den Feldweg entlang, links die Steinmauer mit dem Schilf und dahinter das Olivenfeld, rechts das Meer des dahin wiegenden, noch grünen, Gerstenfeldes,

um ihn herum der Kosmos des Bewusstseins. Der Feldweg machte am Ende des Olivenbaumfeldes eine gemütliche Linkskurve, rechts in der Kurve war alles mit Pflanzen, sogenannt fälschlicherweise Unkraut, das duftete. In dieser Unkrautfläche der Kurve hatte eine Haubenlerche ihr Nest gebaut. Sowas nahm Herr „Z" beim Vorbeigehen aus dem Augenwinkel wahr. Und da er sich nicht um den Lerchenort kümmerte blieb die Lerche auch auf dem Nest sitzen. Die Jungen waren erst zwei Tage jung, hatten überall Glatze und wackelten mit ihren Köpfen, ziemlich labil, - aber ansonsten war alles ok bei denen.
Natürlich gab's hier Schlangen, aber nicht so viele wie in dem feuchten Tal hinter dem Dorf Naoussa. Dort gab's pythonähnliche Schlangen, von der Kopfform her, die fast zwei Meter lang waren. Da wird sooon Vögelchen einfach verschlungen, - schwupp, geboren, schwupp, schon weg. Und wo bleibt da Gott. Und wo bleibt da Bewusstsein. Alles nur Kraftakte.
Aus dieser Sicht war die Erde mit ihrem Leben doch nicht so wie es in den Köpfen der Menschen im Idealzustand der Wunschvorstellungen sein sollte.
Wenn der Weg die Erleuchtung ist warum frisst dann die Schlange die jungen Glatzkopflerchen, - ist das auch Erleuchtung.
In einem gewissen Sinne ja, denn ohne Essen kann man keine Haut um sich tragen, keine Satinhosen tragen oder Insektenmittel anwenden wenn die Mücken wirr wurden und leben wollten, - nein, sie wollten nicht leben, sie lebten. Und was ist mit den Skorpionen, den kleinen schwarzen. Die jetzt zu Gott gesetzt, - was hat der bloß für Wesen geschaffen, die piksen dich mal und du bist in verdammten Schmerzen gehüllt. Und das zum Bewusstsein gehüllt, zum Bewusstsein gesetzt. Was hat das Bewusstsein doch für Formen mit viel Gift geschaffen. Eine

Form davon ist der Mensch, - der hat sehr viel Gift. Das auszuarbeiten überlässt er aber den Computern die eine bessere logischere Antwort finden werden, - un widersprüchlicher als die der Philosophen, die ja immer noch daran herumfummeln, an ihren Widersprüchen, obwohl die offensichtlich zum Leben gehören, - sie sind da, sollen aber wegphilosophiert werden. Was für'n Quatsch.
Der Widerspruch ist doch die Erkenntnis der Freiheit.
Ohne Widerspruch keine Freiheit in der Bewegung. Widerspruch ist so wie Apfelessen und sich daran freuen wie saftig und frisch er schmeckt.
Logik ist nur für Mechanik etwas.
Aber Mechanik mit Widerspruch wird zum Organischen.
Herr „Z" pfiff sich ein stilles Liedchen, - es war das Liedchen der alldurchdringenden Bewusstheit die etwas zu viel Wein getrunken hatte, - er sang immerzu wer ist verrückt, wer ist verrückt. Dabei schwang er den Schirm wild umher und wirbelte ihn sogar einmal hoch in die Luft, fing ihn aber wieder unten ganz galant auf.
Dann war er glücklicher als zuvor wenn ihm dieser Griff gelang, - und das unter freiem Himmel, das mit den bunten Wiesen, den Grashüpfern, den großen Echsen zwischen den Steinmauern. Und nur auf Feldwegen kann er solche Schirmkapriolen machen. Auf Boulevardstraßen da werden andere Kunststücke vollbracht.
Er ließ also die Lerche bei ihren Jungen, die Lerche die sich tief ins Gras geduckt hatte um ihn zu täuschen, Illusion, sie wird überall angewandt, sie ist allgegenwärtig, sie ist vom All, sie ist durchs All geschaffen, sie kommt vom Ursprung.
Illusion ist schön, brilliant, ja sogar faszinierend, insbesondere die Illusion der Menschen, sie ist am illusionärsten.
Ist es nicht verrückt - illusionär - zu glauben das man das

Bewusstsein, - also die Quelle leben kann, ist es nicht illusionär das man erleuchtet werden kann, ist es nicht verrückt was heutzutage an Büchermaterial angeboten wird, von Gurus, von Wissenden, von Erleuchteten, von Meistern - und fast alle kämpfen sie gegeneinander. Ihre Aussagen sind ver-rückt, selbst im Yoga sind so viele unterschiedliche Kapriolen, da ist sogar einer der Swami Narayanananda, der schreibt das Nirvikalpa Samadhi, wenn man den Zustand erreicht als Normal-Sterblicher, das allein schon Normal-Sterblicher, dann bleibt man 21 Tage im Samadhi-Ekstase und dann verlässt man den Körper für immer. Diejenigen die aber zurückkommen, das sind die Heiligen, die Weisen, Diejenigen die den Menschen belehren sollen, denn wie ansonsten würde man etwas von Nirvikalpa Samadhi wissen. Das ist aber so blöde, denn erstens feuert er die Menschen an Yoga-Kundalini-Shakti zu machen, aber was soll's wenn du als Norm-All-Sterblicher sowieso entschwindest, - da ist wohl seine Illusion der Wiedergeburt am Wirken, - dann wird man eben nicht wiedergeboren. Jedoch hat der Buddha mal gekrächzt, dass man niemals geboren ist, - also wieso sterben.
Wieso wiedergeboren wenn man ja sowieso niemals geboren ist.
Es gibt mehr Verrückte unter den Yogis, unter den Mathematikern, unter den Professoren, unter den Künstlern, Politikern als unter den nirwanischen Tierbereichen.
Wer hat das gesagt fragte Herr „Z" laut, denn er hatte das nicht gesagt. Er schaute sich um, konnte aber keine nennenswerte größere Gestalt sehen.
Da stand bloß auf dem Feld, das schon abgemäht war, ein langer Holzstab, 2,5 Meter und auf dem war eine tote Nebelkrähe aufgespießt, - die Inselmethode der Vogelscheuche.
Und tatsächlich, dieser tote Körper aus dem Totenreich

das es gar nicht gibt, sprach zu ihm.., dabei wurde aber auch kein Teilchen des Totenkörpers bewegt.., das gefiel Herrn „Z", - in der Natur war sowas möglich -jemand spricht der tot ist - aus einem Totenreich das es gar nicht gibt.
Verrückt ver-rückt, krächzte die tote Nebelkrähe.
Ihr Menschen ihr seht oft alles verkehrt herum. Ihr verdreht das Gute zum Schlechten und meint Schmutz ist blank poliert Edel, ihr denkt Gestank ist gut für die Nase und Armeen sind gut für die Menschheit, ihr tut bewusst Schlechtes um es den Massen als das Gute zu tun, ihr verteidigt eure Giftproduktion und ihr verteidigt eure Verschwender der Menschenkräfte.
Ihr sagt wir wollen Freunde sein, rüstet aber insgeheim an neuen schlimmeren Waffen, - ihr Menschen seid durch und durch verrückt.
Du hast Recht du tote Nebelkrähe, rief Herr „Z", mir ist sowas auch schon aufgefallen, beim Eisessen im Park oder beim Spaziergang in der City. Auf einmal sah man eindeutig hinter die Maske der Gesellschaften, man sah das die ganze Welt, sogar die Milchstraße, die Schwarzen Löcher, im Zweifel über Recht und Unrecht sind und sehr viele Irrtümer hinsichtlich Gut und Schlecht gemacht werden. Das ist eindeutig mit der Verseuchung der Natur, der Luft, der Gewässer, der Vernichtung der Tierwelt, der Zerstörung des ruhenden Menschens.
Ja, sehr viele leiden an dieser Krankheit heutzutage, sieh es an mir, auch hier auf dieser Insel, genauso Verrückte, ich hänge hier wie einst Jesus, bloß hänge ich schon länger, die Menschen auf dem Land hier sind auch nicht alle unkrank. Weil so viele diese Art des Lebens mitmachen wird es aber auch nicht bemerkt. Fast alle die Einbahnstraßengesellschaftsorientiert sind, sind im Grunde ihres Bleiherzens verseucht.

Nun ja, trotzdem, wenn einer verrückt ist, ist es ja nicht so schlimm, - man munkelt über mich im Dorf auch schon das ich verrückt bin, tote Nebelkrähe...
Ja ich habe das gehört, erwiderte sie, ich weiß auch was du nun sagen wolltest, wenn einer verrückt ist, ist dadurch nicht die nähere Bekanntschaft verrückt, wenn ein Dorf verrückt ist, ist noch nicht das ganze Land irre, wenn das ganze Land aber irre ist, wer will da noch sagen die Welt wäre irre, wenn aber die Welt bekloppt ist, wer will sie da noch retten.
Sag mal tote Nebelkrähe, woher hast du die Fähigkeit sowas zu wissen, du bist doch tot, fragte Herr „Z".
Ach, die Griechen haben doch das Totenreich populär gemacht,die tibetanische Lehre hat auch das Totenreich hoch gejubelt,die Ägypter auch, die Christen auch, aber es gibt gar kein Totenreich denn es gibt nur das ewige Leben, ob dein Körper nun hier an diesem Pfahl hängt -das ist nur Körpershow - das ist nur Fantasie der Menschen, sie spinnen sich was zusammen von dem sie keine wahre Bezugsquelle haben, weil eben so viele verrückt sind. Wenn du den Körper verlassen hast wie ich damals als man mir die Schrotkugeln durch den Leib schoß, dann bist du im Körper der einheitlichen Sicht, du siehst alles, du weißt alles, kannst alles, - da es aber einheitlich ist wird nie etwas gezeigt - weil es ja einheitlich ist, du brauchst nicht mehr zu zerteilen.
Dann hatte Herr „Z" auf einmal eine Idee.
Sag mal tote Nebelkrähe, seitdem ich hier auf dieser Insel bin habe ich bis jetzt noch nicht den Zorba getroffen.
Weißt du vielleicht wo der ist, der soll doch so animalisch glücklich sein. Hier die Inselbewohner sind recht schlitzohrig oder trübe in ihren dunklen Kleidungen, und dann und wann besäuft sich einer, aber ihre Gesichter, die sind nicht frei, die sind nicht entspannt, unter der Haut da ist

Kampf, da ist Intrige, da ist Hass und Neid, - natürlich sind sie auch freundlich, als Geste, aber trotzdem ihr Inneres ist vergrämt.

Jajaja, lachte die Krähe, jajaja, lachte die Krähe, so ist das nun mal mit Schrifstellern und Bücherlesern, der Katsansaki der war selber darüber verzweifelt, wie die Griechen doch gar nicht so lustig sind, ihre Lustigkeit ist oft ein Ausbruch, ein Ausbruch von der Starre. Und so fantasierte er sich den Zorba zusammen, so wie er den Griechen nun mal gerne gesehen hätte, natürlich nachdem das Buch dann gelesen wurde gab's Imitatoren die auf einmal so wurden wie ein Zorba, aber auch sie waren keine, es gibt keinen Zorba, - Zorba ist Fantasie, Illusion, Wunschdenken, - Zorba ist dazu da wie es sein könnte, und das ist Zukunft, das ist Zukunft die durch die moderne Zukunft nicht mehr möglich wird, nicht mit Computermentalitäten, - Zorba ist eine tote Illusion.

Es wird viel geredet wie man sein soll, nicht wahr tote Krähe, es wird gequasselt was man unbedingt tun muss, haben soll, wie man was anlegt. Es sind sehr viele Menschen da die dir immerzu sagen was für dich gut ist, obwohl sie selber gar nicht so leben, ist dir das schon mal aufgefallen. Insbesondere die Institutionen, die Kirchen mit ihren korrupten Geschäften, die Gurus die nie tanzen, nie Zorba sind, nie den wilden Fick machen - sie quasseln alle und quasseln - selbst sitzen sie auf ihren Stühlen und da bewegt sich nur noch der Gehirnvorgang, deren Körper der zum Leben bewegen da ist wird aber abgesessen, sie reden und schreiben die Menschen noch blöde, sie sind mit Schuld an der allgemeinen Verblödung der Verkleisterung des Menschen.

Ja, nun mach dir nicht so viele Gedanken, du bist hier auf der wunderschönen Insel, ruft die Krähe, du brauchst nicht tiefer in den Morast zu gehen, genieße die Natur hier, lass dich nicht zu oft von den Mücken beißen, sei vorsichtig mit den Skorpionen, pass auf den Riesentausendfüßler auf, der Biss ist sehr schmerzhaft und er liebt es unter den Bettmatratzen zu leben, zu viele Sorgen schleudern dich nur aus dem Gleichgewicht, denn ich weiß was du willst, was du möchtest.., aber ich werde es dir nicht verraten.., und nun Adee, rief die tote Nebelkrähe. Und in dem Moment als sie Adee gesagt hatte löste sich eine Feder aus dem Flügel und taumelte sachte zu Boden.

Herr „Z" ging dort hin, nahm die Feder und steckte sie sich hinters Ohr.., er war glücklich überrascht.

Aber wie konnte eine tote Nebelkrähe bloß noch als lebend erscheinen. Ihr Körper der da aufgespießt war, der war offensichtlich schon ausgetrocknet.

Wie war das bloß möglich. Schmunzelnd, aber sinnierend ging er auf dem Weg weiter. Wie könnte sowas passieren. Das hatte er nicht geträumt, er hatte es genau gehört. Er wusste das die Natur andauernd, ununterbrochen zu ihm redet, mit sich selber singt, ihm was sagen will, - bloß war es gar nicht so einfach dafür offen zu sein. Es war ihm ein merkwürdiges Zusammenspiel, diese Ratschläge von der Nebelkrähe - wegen Skorpione, wegen giftiger Riesentausendfüßler - das war sehr merkwürdig das er so getötet werden könnte. Und trotzdem war alles in Perfektion, trotzdem war alles sehr, sehr mysteriös. Ja, es ist zu mysteriös, lachte er vor sich hin.

Du hast Recht, die Größe um dich herum, die Schönheit der Felder, der Wolken und der Lebewesen, diese angeblichen Gegensätze, die Harmonie und aber das Leben, das ist mysteriös. Da hilft auch keine Logik, keine gerade Mauer oder eine Computer geregelte Lebensführung für euch Menschen, hörte er schon wieder eine Stimme, die ganz, ganz anders war, mehr so als ob einer eine Pergamentpapierstimme hatte, die so schön knisterte, die so

eine Frequenz hatte das man dadurch erhoben wurde, Ja, die Stimme sie belebte, sie war sehr, sehr glücklich...
Aber vor Herrn „Z" da war kein größeres Wesen zu sehen. Er blieb also ruhig stehen und blinzelte nur so herum, ohne den Kopf zu bewegen, in die Richtung der Stimme. Und schon hatte er etwas außerhalb der Form des Schilfs entdeckt, nämlich auf dem Schilfstiel, da saß eine sehr fette, sehr große Heuschrecke.
Warst du's, fragte Herr „Z".
Wie, warst du's, war die Antwort.
Kannst du mich nicht mit mehr Gewissheit, mehr Freude anreden? Siehst du denn nicht, dass alles worauf du stehst lebt, dass alles bewusst sein kann, oder meinst du etwa, wenn du hier auf dem Feldweg gehst, dass das nur so einfach Erde ist, - einfach Dreck-Erde, mehr zu der Umgebung, - fang den NaturErdeTraum an. Deine GewohnheitsTrottelei bringt viel Schlafwandeln mit sich.
Du meinst also, ich soll mehr an das Leben denken, mehr an das Gute, mehr an das,dass alles aus der gleichen Quelle kommt, alle und Alles, das wird mich dann wacher machen...
Ja, das meine ich...
Aber ihr in den Großstädten, ihr müsst sehr viel unterdrücken, ihr müsst, weil es dort so stinkt, weil es dort so grässlich rattelig laut ist, weil die Augen immer noch so viel Unschönes sehen, die Häuserwände, den Abfall, den anderen Dreck, der überall hervorquillt. Hier auf dem Land ist das anders, da gehen die Formen und die Töne ineinander über, da bewegen sich die Blätter, oder das Schilf und die Pflanzen auf den Wiesen und nur vereinzelt stehen Häuser. Und dann die Größe, ihr verliert den Sinn für die Größe des Daseins, - ihr meint alles existiere nur in der Stadt, sogar nur in einigen Straßen. Und um nicht ganz zu verblöden, fahrt ihr nun im Urlaub auf's Land, -

trotzdem, die Enge bleibt wenn ihr zurückkommt.
Ja, du hast recht, meinte Herr „Z".
Ja es ist so, aber wenn man glücklich ist macht das einem nicht sonderlich viel aus, dann kann man sogar im Abfall leben, - was aber sehr selten passiert.
Trotzdem, der freie Fluss in euch ist blockiert, rief die Heuschrecke.
Das Mysteriöse lebt, ist aber in euch zur Mathematik geworden, zu parallelen Straßen, zu rechteckigen Lebensformen. Mysteriös ist andauernde Veränderung, Bewegung, mysteriös ist auch was Feines, nicht diese Stadttrommelei, dieser Gestank, diese Unterdrückung,die ihr eigentlich gar nicht bewusst gewollt habt. Es hat sich einfach so ergeben, weil ihr nicht wusstet wie die Effekte sind. Und dann kommen die, die ganz scharf aufpassen und diese Enge aus- und benutzen, sich die Ängste der Menschen zunutze machen, das ist nun mal so, da wird sich nie etwas ändern, auch nicht in Tausend Jahren, - aber es wird immer welche geben, so wie du Herr „Z", der noch weiß was gut für ihn ist, - nicht nur für einen Monat, nein für immer.
Die Heuschrecke reckte ihre Hinterbeine etwas.
Du hast recht Heuschrecke, als Kind habe ich nie viel Interesse gehabt in der Stadt zu spielen, ich hätte es tun können, aber in den Wäldern, auf den Wiesen, ach, da war's doch tausendmal schöner, freier, erfüllender, - die Massenseuche der Stadt hatte ihn nie interessiert. Ich weiß noch, dass Natur in ihrer Schönheit, auch wenn sie donnert, kracht, eiskalt oder wirbelnd ist, reine Meditation ist - und das wirkt sich auf mich aus.
Sehr schön gesagt, rief die Heuschrecke, Natur ist in ihrer vielfältigen Schönheit reine Meditation für den Menschen.
Ja und wenn ihr Industriementalitäten habt und in Städten groß geworden seid, dann verliert ihr auch den wahren

Sinn für die Wichtigkeit der meditativen sauberen Natur - und letztendlich wird die verseuchte Natur als saubere Natur gesehen - und das ist...
Was ist es, rief die Heuschrecke...
Herr „Z" überlegte nicht lange, sondern rief freudig-elend: wenn Pilze im Wald wegen Schwermetalle nicht mehr gegessen werden sollten, wenn Quellen, die schön frisch sprudeln wegen Säuren nicht mehr getrunken werden dürfen, wenn Wildfrüchte wegen Chemikalien nicht einfach so in den Mund gesteckt werden sollten, - ja, was ist das, - das ist Elend.
Glücklicherweise ist das hier noch ganz anders, antwortete die Heuschrecke, denn hier ist die Natur noch so unvergiftet, dass du sogar noch uns Wesen verstehen kannst, - was früher in Europa auch noch möglich war -, heutzutage ist alles verklebt, verschmiert, selbst der Regen reinigt nicht mehr, selbst der Regen ist zum SchmutzigMacher geworden, - völlige Kaputtheit.
Ja, wir haben alles von der Natur - und bedanken uns nicht im Entferntesten. Macht euch die Natur zum Untertan, muss von absoluten Idioten gepredigt worden sein, - eher versuch' ein freundschaftliches Zusammenleben mit ihr zu haben.
Aber weißt du, - sagen wir, die ChemieBosse -, das sind doch ganz andere Situationen, für die ist die Chemie und Produktion das Wichtigste, - immer noch. Wenn die in ihren Büros sitzen, dann denken die nicht an Zwiegespräche mit der Wiese oder dem Fluss, dann ist es in dem Kopf ganz, ganz eng, indem er seine mathematischen Ziele verwirklicht, - Geld wird eben immer noch als das Maß der Dinge gesehen.
Ja und, rief die Heuschrecke, Geld ist da, Geld ist ohne Gut oder Schlecht, es ist eine konzentrierte Form von Lebensenergie. Bloß man macht mehr Geld letztendlich,

wenn man mit der Natur in einem freundschaftlichen Verhältnis ist, viel, viel mehr. Jetzt muss sehr, sehr viel Geld aufgewendet werden, um wenigstens ein klein wenig der Verseuchung den Weg zu verschanzen. Aber um alle Flüsse und Meere und Wälder wieder intakt zu bringen, -global -, da muss so viel Geld aufgewendet werden, das der gesamte Menschenstamm nicht hat...
Dann machen wir's eben ohne Geld, rief Herr „Z".
Richtig, so wird's gemacht, ohne Geld, es wird einfach gebaut und getan, dann kommt das andere von selbst. Aber es wird gehen, sowas ist keine Schwierigkeit, rief die Heuschrecke.
Klar geht es, wir fliegen zum Mars und zurück, wir reisen um den Jupiter und zurück, - da wird doch zuerst einmal die nähere Umgebung erkundschaftet werden.
Ihr habt eben die Zeit verschlafen, rief die Heuschrecke wieder. Ihr habt zu wenig verstanden, wenn ihr den ganzen Tag Alkohol in euch schüttet, so werdet ihr vergiftet. Was in euch passiert, passiert genauso mit eurer Umgebung, was gut für euch, für euren Körper ist, ist
auch gut für die Natur, denn euer Körper ist die Natur selber, bloß schon viel viel mehr vergiftet.
Aber wie sollen wir bloß den ganzen Wirbelsturm der Gefräßigkeit zum Wirbelsturm der Schönheit bringen, rief Herr"Z". Wie?
Ach, du fragst noch, meinte die Heuschrecke, du bist doch nicht erleuchtet..., aber du wirst schon dahin kommen. Die Natur ist völlig erleuchtet, aber die Erleuchtung schützt nicht vor organischer Vergiftung.
Name oder Sein, was bedeutet mehr ? Sein oder Haben, was ist wertvoller ?
Gewinn oder Verlust, was ist schlimmer ?
Darum, - wer übertrieben spart, muss große Opfer bringen, - wer Reichtümer anhäuft, wird große Verluste er-

leiden. Ein genügsamer Mensch bleibt ohne Schande.
Wer weiß,
wann er innehalten muss, gerät nicht in Gefahr und geht nicht unter.
Jaja, ich sehe deine Weisheit Heuschrecke. Die riesen Kompanien wollten sparen, Reichtümer anhäufen indem sie ihre Säuren in den Ozean kippten - und nun haben sie die größten Verluste für die gesamte Erde geschaffen. Sie haben übertrieben gespart - und nun müssen sie auch alle anderen, die ihre Pflichtsteuern abgegeben haben, große Opfer bringen.
Glücklicherweise ist heutzutage das innehaltende Bewusstsein schon etwas mehr entwickelt, um noch tiefer in die Gefahr zu verseuchen, damit nicht total alles untergeht.
Jaja, du Heuschrecke, du bist schon schön weise.
Ich danke dir für diesen feinen Ratschlag. Ja, sehr herzlich danke ich dir, komm' morgen Abend zu mir zum Abendessen, ich werde eine frische Tomate für dich bereithalten.
Die Heuschrecke lachte laut, öffnete dann ihre Flügel und flog knisternd einige Meter weiter in den Schilfwald
hinein.
iGanz leicht bog Herr „Z" dann rechts am Feldweg ab und ging in Richtung Berg, der nicht sehr hoch war und ungefähr vier Kilometer entfernt war.
Schon bald hatte er die bunt durcheinander gereihten Felder hinter sich gelassen und kam nun in das Gebiet des Berghangs. Von dort wurden die Wege teilweise viel enger, aber sie waren auch vertieft, so dass das hängende Feld über ihm war und von oben Gestrüpp und sehr viel blühender Ginster herunter leuchtete. Sehr viele Wollschweber, die fast, wenn man sie nicht kennt, wie klitzekleine Kolibris aussehen, waren damit beschäftigt den Nektar zu trinken. Sie lebten ihr Leben lang nur vom Feinsten,

- eben vom Nektar. Die Bienen und Wespen summten um ihn herum. Über ihm gleiteten die fetten Kumuluswolken dahin und unter ihm war der enge Weg so vom Regen ausgewaschen, das er mehr aus dicken Steinen bestand, als aus Sand oder platter Erde.

Da oben irgendwo in den Felshöhlen, dort lebte der Uhu, aber auch die Menge an größeren Greifvögeln, die es hier noch gab, den Milan, die Peregrinfalken, auch der Mauersegler waren hier zuhause. Die Felsentauben hatten hier auch ihre Reviere und dazwischen brütete dann noch der Lannerfalke, - er liebte die steilen Wände und das breite Stück Land vor ihm.

Ziegen grasten oder dösten herum. Eine einzige Kuh mit zusammengebundenen Vorder- und Hinterbeinen stand im Schatten eines Baumes und mampfte. Und überall dieses Summen und Summen. Faul lagen kleine Eidechsen auf Sonnen gewärmten Steinen. Ebenso faul lagen dicke Felsbrocken zwischen saftigem Gras. Die Felsbrocken waren eindeutige Waschfelsbrocken. Damals als das hier noch unter Wasser war, - denn sogar bis über die Hälfte der Berghöhe waren die Felsen ganz glatt und hatten auch sehr geschmeidige weiche Formen ausgewaschen bekommen. Das da das Meer einmal so hoch war. Da muss es ja noch Lebewesen auf den Alpenspitzen oder den Himalayaspitzen oder den Anden, den RockyMountains, dem Hoggargebirge gegeben haben. Das war wohl die Zeit der Sintflut und des Schwimmen lernen müssens.

Eingetaucht im Meer des Sehens, dem Meer der Glücklichkeit und dem Meer des absoluten Bewusstseins, wunderte er sich aber immer noch weshalb die tote Nebelkrähe vorhin sprechen konnte, -ja das es ihm sogar so vorkam, als ob sich da doch was bewegt hätte, als ob irgend etwas doch am Leben wäre.

Kann aus Nichts etwas kommen, fragte er sich. Was ist das Nichts überhaupt. Es muss doch etwas sein. Kommt das Leben aus dem Nichts, das Etwas ist. Bloß unsichtbar zum Sehen. Ja, sehen kann man es, es ist ja unsichtbar und das Unsichtbare sehen wir doch jeden Tag. War alles wirklich so klein, wie es gesehen wurde. War der Körper der Krähe nur so klein. Wie ist es mit der Wahrnehmung. Ich gehe und in der Ferne, dreihundert Meter entfernt, sitzt eine Zwergohreule. Obwohl sie mich nicht gesehen hat, ändert sich auf einmal ihre Aufmerksamkeit in meine Richtung. Sie hat also was gemerkt. Also muss sie viel größer sein als das, was man von ihr sieht.

In der Höhe angekommen, nicht ganz oben, sondern dreiviertel oben, setzte er sich dann auf einen Felsvorsprung mit wunderbarer Sicht in Richtung Haus und den anderen Feldern. Er konnte nun die anderen Inseln sehen, die noch etwas dunstig umhüllt waren, obwohl es Ende April war, war es hier oben doch einige Grad kühler. Saftig lag das Flachland unter ihm. Das Flachland war das ewige Leben, es war auch das Glück, das ihn umgab, auch die Liebe und das Brötchen, das er aß. Und alles ging ineinander über. Die Wege gingen in die Feldränder über, die Felder in die Gärten, die Erde ging in die Pflanzen über, die Pflanzen gingen in die Luft über, die Luft ging in die Unsichtbarkeit über, - in das leere Nichts, das was ist.

Hier oben gefiel es ihm.. „ja diese Spaziergänge mit dem Leben, die sind gesund, die erfrischen den inneren Dialog, die bringen ihn zum Sehen und zum Hören. Damals in der Stadt, da wurde er zum Nichtsehen und zum Nichthören konvertiert, da wurde er zum Nichtanschauen manipuliert, insbesondere wenn er die Menschen anschaute, - zu oft blickten sie zurück mit aggressiven Blicken, die besagten: Was, du Hund du, du schaust mich an, schau weg, ich will nicht angeschaut werden. Dann fragte er sich warum diese Menschen ihr Leben nicht konstant in ihren Wohnungen verbringen. Was soll das Ganze. Und Herr „Z" schaute sehr genau, er wollte ja schließlich etwas sehen und nicht sich nur so vorwärts tasten, -blind gehen. Das war ihm alles zu un individualistisch. Die meisten waren einfach nicht mit sich selbst zufrieden, - das war's. Er war zufrieden. Er schaute sich die Menschen nur an. Er konnte sich an Menschen anschauen erfreuen. Da kommt ein Mensch, was hat er in seinem Gesicht zu sagen, was sagt seine Kleidung, seine Haltung, - ist er glücklich, ist er verliebt, - was wollen mir diese Äußerlichkeiten sagen, -dazu kam ‚s schließlich auch.

Es war dann gut die Illusion zu durchschauen, dass sowas wie eine Gesellschaft existiert, die existiert gar nicht, auch wenn Massen um Massen in einer Stadt sind, es existieren nur etwaige Kämpfer, Vorwärtskommer, Mögliche, Gehetzte, Unmögliche. Die einzigen Möglichen waren die Straßenmusiker, die waren da, die sangen, die brachten Stimmung hinein in die Fußgängerpassagen, - die lächelten sogar zurück. Die waren eben anders, - freier. So ist das eben, das wusste er zu gut. Wenn alles gleich wäre, was wäre das für ein träger öder Brei von Massen. Ja, geh' auf einen kleinen Berg wie diesen und erkenne wenn du allein bist, wie schön alles ist. Wenn die Umgebung so ist, dann will man auch nicht vergessen, dann will man sich erinnern. Man will sich nicht mit einer Umgebung umgeben, die man ungern erinnert. Deshalb hat derjenige, der in Zeiten wo's traurig ist oder wo's zu viele Kaputtheiten gibt, oder wo's eben zwischen Liebe und Hass, Kämpfen und Kaputtmachen, wo's sauren Regen und wo's verseuchte Flüsse gibt, sehr viel davon, wenn er vergesslich ist. Er ist in der Vergessenheit versunken, er ist gleichgültig, - relativ. Für den Einzelnen ist das angenehm. Und dann kommen die Seher, die Bewusstmacher und reißen ihn

aus der Vergessenheit heraus. Letztendlich sollte so einer später ja möglicherweise diese Kaputtheiten nicht mehr erleben zu brauchen, weil durch das Bewusst werden diese Kaputtheiten beseitigt werden sollen. Bloß letztendlich ist's eine Fiktion, die in sehr langer Ferne mal kommen könnte, denn die Menschen schlagen sich doch schon solange man zurückblicken kann mit diesen Problematiken herum. Da fragt man sich dann, ob das Vergessliche nicht doch für den einzelnen besser ist. Man weiß nichts von der Welt, man weiß auch nicht von sich selber. Und eines ist doch ganz, ganz klar, du lebst, auch wenn du mit anderen lebst, dich selber, du bist mit dir, du bist Ein-zell-ner.
Bewusstsein macht viel, viel Arbeit. Bewusstsein macht viel Schuften, viel Schwitzen, viel Freude. Bewusstsein tut eben was.
Und der Herr „Z" vergaß sich in der letzten Zeit viel öfter als sonst. Nicht das er weg war, nein, er wurde bloß so ruhig, er wurde desinteressiert in die Außendinge, - dann verlernte er das Sprechen.
Die Welt in ihm war Ruhe. Die Welt in ihm war aber auch zur gleichen Zeit wunderschön. Mysteriös. Und nun war Herr „Z" wieder ganz leicht geworden. Er schwebte, - wurde wie die Brise, die über ihn hinweg sauste. Dabei wurde sein orangenroter Schirm erfasst und er wurde in die Luft gehoben, - alles war eben ganz leicht. Er wurde einige zwanzig Meter in die Höhe getragen, glitt dann aber sachte den Hang hinunter, um neben einer Agave zu landen. Die Landung war wie eine Feder, die zu Boden fällt wenn kein Wind da ist, sie schwenkt sachte hin und her während sie nach unten fällt.
Ja so ist das Leben auf dieser Insel, - voller Wunder, voller Freiheit, voller Schweben, voller sprechender Insekten - und wer weiß was noch alles erlebt wird. Von hier war es kaum sechshundert Meter bis zu seinem Haus. Kurz vor

dem Haus angekommen, kam der wilde Taubenschuss-Nachbar auf ihn zugegangen mit einem großen Sack, in der Hand eine Latte, aber dicken Pullover an und die Hände mit Stoffen umwickelt und sogar eine dicke Pudelmütze auf...

Aha, die Irre findet wieder neue Versuchstiere, dachte sich Herr „Z", Verrücktsein ist normal, oder was.

Der andere Alte, unrasierte, knurrig aussehende Nachbar ging an ihm ohne zu schauen vorbei. Und Herr „Z" ging einfach hinterher. Da war was, - wer so herumläuft, mit dem ist was, mit dem ist was passiert. Als Herr „Z" dann um die Feldwegkurve kam, dort wo die Lerche nistete, sah er den alten Schießer wie er seine Handfläche gegen Herrn „Z" hob, zum Zeichen, dass er dort stehen bleiben soll...

Herr „Z" schaute und sah wie an der Steinmauer ein dicker loser Klumpen Bienen geformt war. Das waren Wildbienen, die sich um ihre Königin versammelt hatten. Sofort wurde Herr „Z" zwei Stufen wacher, trat sogar noch einige Schritte zurück und schaute zu.

Der Alte versuchte also die Bienen in den Sack zu bekommen.

Augenblick, rief Herr „Z".

Der andere schaute zu ihm herüber. Dann machte Herr „Z" ein Handzeichen, um anzudeuten, dass er was für seine Augen braucht, ein Augenschutz. Der alte Schießer verstand sofort, auch das Herr „Z" schnell was dafür holen würde. Geschwind rannte Herr „Z" zu dem Haus und kam mit dem Augenschützer zurück, - es war seine Tauchermaske. Der alte Schießer setzte sie auf und sah nun wirklich komisch aus. Er grinste, dann ging er zum Bienenschwarm.

So ein ganz Landweg artiger Gang zu einem wilden Bienenstock ist keine ungefährliche Situation. Es sieht alles

so einfach aus. Da geht einer ziemlich verkleidet - und da sitzen Tausende, die attakieren werden, - Tausende Stacheln also. Der Herr „Z" würde so etwas nie tun, - er würde die Bienen frei lassen, nicht versuchen zu domestizieren, -denn Freiheit ist das Höchste, es gibt nichts höheres als Freiheit, Freiheit nicht domestiziert zu werden, - oder seit ihr, ihr Menschen daran interessiert von jemanden in den Käfig gesteckt zu werden. Nein, natürlich nicht. Bloß ihr wollt alles andere in Käfige stecken, - ihr wollt einfach nicht die Natur so lassen wie sie ist.
Staubwölkchen wirbelten nicht auf als er ging, der Boden war noch zu kühl. Der Alte sah sehr ulkig aus, - mit ‚ner Taucherbrille, aber er verstand sofort. Herr „Z" stellte sich extra weit entfernt hin, fünfundzwanzig Meter entfernt stand er und schaute zu.
Und dann passierte es.
Hier passierte etwas, das genau das beinhaltete was er schon immer gewusst hatte, bloß noch nicht zu Gedanken verarbeitet hatte, - ins Bewusstsein geholt hatte.
Manchmal bekommt man seine Strafe erst später, aber manchmal sofort. Da das Leben rund ist und sich dabei erhöht, obwohl es in der Einheit ist, bekommt man seine schlechten und guten Taten eventuell ausbezahlt.
Das ist so, auch wenn man egoistisch meint, das ist unmöglich, - ich komme damit durch.
Natürlich, wenn schlechte Taten gute Taten sind, dann ist es was anderes, - es kommt immer darauf an, ob sie zur Erhöhung des Lebensfördernden beitragen, da muss man auch schon manchmal jemandem eine schlechte Tat servieren, damit die gute Tat weiter leben kann, - so ist die Natur: stirb oder friss.
Gott frisst sich sozusagen selber auf.
Jedenfalls ging der andere alte Schießer ganz angstlos auf den Bienenschwarm zu und versuchte den Sack über

den Schwärm zu legen, während er zur gleichen Zeit die Bienen in den Sack schaben wollten, wohl mit der Hoffnung-Hoffnung-Hoffnung, die Königin zu erwischen.
Alles ging nun viel zu schnell. Was vorwärts ging, ging zur gleichen Zeit rückwärts, - das ist so im Leben, vielen fällt das bloß erst gar nicht auf.
In dem Moment, indem er den Bienenschwarm angriff, alles explodierte, der Schwärm, ja er explodierte. Der Mensch weiß ja nicht was explodieren ist. Trotz der Kriege weiß er es nicht, er selbst hält sich ja vom Explodieren zurück, er ist ja kultiviert gesittet, er ist und will koordiniert sein. - deshalb vergisst er, was für eine Kraft eine Explosion hat.
Tausende von Bienen attakierten den Alten, aber zur gleichen Zeit flog eine einzige Biene mit Lichtgeschwindigkeit zu Herrn „Z". Das ging so schnell, dass er gar nicht mehr reagieren konnte. Nur diese einzige kleine Biene. Und das war der Auslöser. Sie stach ihn zwischen linkem Auge und Schläfe. Wild um sich fuchtelnd versuchte er die Biene, die am Stachel an seiner Kopfseite hing, zu entfernen, als die Biene stach in dem Moment.
In dem Moment wusste er wieder, dass alles Gott ist.
Alles ist Einheit, alles hat Intelligenz, alles hat Freiheit, alles muss mit der aller größten Vorsicht behandelt werden, alles muss mit der größtmöglichen Hochachtung behandelt werden.
Ja, es war Gott.
Die Einheit von Allem wurde ihm ins Gesicht gestochen, -der Rest seines Egos schmolz dahin.
Er liebte die Einheit mehr als sein Ego, das sich irgendwie entwickelt hatte,das auch nicht in der Ruhe verschwand, obwohl im Yoga der höchste Zustand das höchste Ego ist.
In dem Moment fing Herr „Z" an zu tanzen, er ließ die Biene dort an seiner Schläfennähe hängen. Aber er tanzte, er

war einfach beseelt von dieser stacheligen Erkenntnis.
Und das war's, - eine sofortige Strafe, dass er den alten Schießer, der mehr aus Lust am Töten als aus Hunger, diese Bienen versuchte zu bekommen, die Taucherbrille geliehen hatte. Das war einfach keine gute Tat, auch wenn der andere ein Mensch war, man muss Menschen eben des öfteren Atomknüppel zwischen die Beine werfen, damit deren verseuchtes Wasser nicht noch mehr Erde kaputt macht.
Herrn „Z's" Herz ging auf einmal ---boooooookhmhhh. Gott hatte ihn zur Einheit zurückgeholt.
Und in der Einheit, in der wunderschönen Einheit, da versucht man nicht alles zu zerschlagen.
Er ging hastig zurück zum Haus.
Natürlich schwoll das Gesicht, das linke, sofort an.
Und als der Alte eine ZwanzigMinutenZeit später am Haus vorbeikam, immer noch mit Hunderten von Bienen kämpfend, die ihn verfolgten, dort vorbei taumelte, dann war das linke Gesicht so angeschwollen, dass er nun wirklich ein sehr verrückt aussehenden Look hatte. Seine linke Gesichtshälfte war die des Glöckners von Naoussa geworden, - er sah schlimm aus, aber er war glücklich. Nicht so einfach glücklich wenn man Tanzen geht, oder ein Glas Wein getrunken hat und sich auf den bevorstehenden Fick vorbereitet, - nein.
Es war eine andere Glücklichkeit, eine, die sich erhöht hatte, - es war Entzücken geworden. Er war Ekstatik, er war außer sich, er war nicht mehr derselbe, er war die Freudenträne selber geworden, die sich nach der freudigen Weinzeit in Glückseligkeit wenden würde.
Er konnte durch den Stich klar erleben, wie Gott in Allem ist, es völlig anders als die intellektuelle Erkenntnis, die auf Kopfarbeit aufbaut durch, - durch Denken.
Hier fühlte er die Einheit Gottes körperlich, - eine plötz-

liche Erfahrung.
Das musste gefeiert werden.
Während er sich umzog, hinein in eine weiße Leinenhose, ein weißes Leinenhemd und den Sandalen aus Marrakesch, schwoll die linke Gesichtshälfte noch mehr an.
Nun hatte er etwas von einem mongoloiden Aussehen an sich. Es war nun schon Spätnachmittag/früh abends, die Sonne lag schon am Horizont und schaute sich die langen Schatten auf der Landschaft an. So, bevor er ins Dorf ging, gab er den beiden Kätzchen noch etwas zu essen. Kaiser Wilhelm und die orangene Katze kamen mit hoch erhobenem Schwänzchen zum Abendmahl.
Er schaute den beiden eine Weile zu wie sie aßen.
Die Käuzchen fingen schon wieder an zu Huhuhn oder ihr nasales Miauen mit dem darauffolgenden schrillen Schreien durchreiste die Luft. Irgendwo dahinten in den Feldern wieherten die Esel ihren heiseren Sound weiter. Und im Wassersammelbecken versuchte eine Biene vergeblichst von der Wasseroberfläche zu kommen. Was nicht passieren würde. Sie würde dort ertrinken. Die Blumen hatten schon ihre Köpfe nach unten gesenkt.
Als die Katzen zu ende gespeist hatten, nahm Herr „Z" seinen Sonnenschirm, öffnete ihn und ging den Feldweg zurück zur Straße, die nach Naoussa führte. Während des Gehens ging die Sonne gerade irgendwo auf als sie hier unterging und somit geht die Sonne andauernd auf, so wie sie andauernd untergeht, was heißt, dass sie weder noch auf- oder untergeht. Sie ist. Aber zu wissen, dass andauernd Sonnenaufgang ist, gehörte zu den freundlichen Erkenntnissen des Herrn „Z".
Und dann auch noch die Abendröte. War es nicht fantastisch, was er als Mensch so alles umsonst bekam. Nun die Abendröte als fantastische zarte Farbenkulisse, auf die er mit Freude schaute. Der Uhu rief auch schon

wieder. Zweimal kam ein Insulaner mit seinem Ziegengut vorbei. Die Ziegen, sie meckerten viel, etwas nörglerisch hörte es sich an. Am östlichen Horizont fuhren zwei hell erleuchtete Passagierdampfer.

Er war etwas den kleinen Berg hochgekommen, der nun wieder hinunter auf einer kurvigen Straße zum Dorf führte. Von hier hatte er eine lang gezogene Sicht auf das abendlich gestimmte Dorf, das direkt am Meer des Bewusstseins lag. Das Dorf besteht aus höchstens zweistöckigen Häusern. Was schon hoch genug ist. Häuser sollten nicht höher werden. Ansonsten verliert man den Kontakt zum Himmelsgewölbe, zu den Sternen, zum Horizont, zum Sonnenauf und Untergang. Man verliert den Kontakt zu der größten Schönheit, in der man lebt. Das Dörfchen war hell, es war ganz in weiß getüncht. Sogar die Wege durchs Dorf waren weiß gestrichen. Und vor diesem Häuserweiß standen die Blumenkästen, teils aus alten Olivenöldosen, den großen 15-Literdosen, teils aus alten Blechdosen oder aus selbst gezimmerten Behältern. Die Behälter waren wiederum weiß angestrichen. Aus diesem Weiß heraus wuchs das Grün der Pflanzen, -was für eine harmonische Dorfgestaltung das ergab. Die Holztüren und Holzfensterklappen und Rahmen waren entweder hellgrün, hellblau oder manchmal in Braun gestrichen, überwiegend aber in Hellblau. Einige der Einwohner hatten an den Wäscheleinen ihre Ziegenkäse in Plastikbeuteln zum Trocknen aufgehängt. Andere hatten auch auf der Wäscheleine sogar mit Wäscheklammern befestigt, ihre gefangenen Octopusse zum Trocknen aufgehängt, was für die Bewohner hier eine Delikatesse ist. Da war keine Reklame an den Wänden, da waren keine anderen Aufmerksamkeitsentzieher. Das Dorf hatte eine einfache Schönheit, die sich zur entspannten Schönheit dadurch entwickelt hatte lassen. Eigentlich hatte das Dorf

etwas von der Zenartigkeit in sich, die man ja so durchdringend harmonisch visualisiert, die Gartenkunst, die Blumenkunst, die Einfachheit der Schönheit. Natürlich nur im Entferntesten, aber trotzdem erkennbar.
Die größte Zenartigkeit hatte das Dorf im Februar bis Anfang April, wenn dort noch nicht die Reisenden in Massen angekommen waren. Wenn das Dorf noch nicht die große Möse, die große Fickwelt, der große Pimmel geworden war. Ja, manchmal im Sommer, wenn er vom Meer zum Dorf herüberschaute, dann sah er sogar die Möse, wie sie über dem Dorf schwebte. Es war aber eine wohlgeformte Möse, schön länglich. Diese große Fickerei, diese Liebe, diese Urlaubstriebhaftigkeit, - sie veränderte das Dorf dann, dann Mitte Juni bis Ende August, dann war alles nur Möse und Pimmel und Täuschungen, dann waren Intrigen und Aggressionen im vollen Schwung. Dann waren alle diese möglichen Zen-Dorfbewohner so beschäftigt, um die Mösen und Pimmel zu füttern, von welchem sie am Ende der Saison aber eine fette Brieftasche hatten.
Dann, im Urlaub, ja, dann lag die große fette Möse über diesem Dorf.
Nun Ende April, nun wusste Herr „Z", als er mit diesem offenen Schirm ins Dorf watschelte - die Sterne schon leicht sichtbar, dass er andauernd seine Meinung, seine Einstellung ändern würde und wollte und es auch so sein müsste, denn er wusste, das Leben lässt sich wegen Ideologien ändern. Das Leben war dann viel, viel stärker, auch wenn Aids im Dorf passieren könnte, auch wenn die Ideologie die Vorstellung vom wie's sein könnte noch so schön wäre, das Leben war stärker als sämtliche Wunschvorstellungen der gesamten Menschheit zusammengenommen. Und das hielt ihn flexibel, das machte ihn energetisch-beweglich. Dadurch verlor er den starren Blick, den starren toten Schleier, das Einbahnstraßenden-

ken. Er merkte, dass es sich meistens gar nicht lohnte Ideologien mit sich zu tragen, außer wenn es darum ging in einer Runde Menschen Zoff zu machen, oder aber jemanden zu sterilisieren.
Und mit dem Verstehen, das alte Gedanken einen alt halten und man damit niemals die wirkliche Situation erfassen kann, nahm er seinen Schirm, wirbelte ihn nochmals hoch in die Luft, fing ihn wieder auf und ging nun im dunkleren Dunkel mit Sonnenschirm durch die engen Gassen des Dorfs auf den Hafenplatz zu.
Es war schon interessant zu sehen welche Strapazen die anwesenden Reisenden aber trotzdem schon auf sich nahmen. Sie würden nicht sagen, dass es ihnen zu eng würde in den Gassen, dass es zu gefährlich wäre und man dadurch eine Schirm-Stange ins Gesicht bekommen könnte. Nein, sie waren immer höflich, immer diplomatisch tolerant. Und so konnte er gut erkennen, dass Souveränität doch nicht das Wahre ist. Diplomatie, Höflichsein lässt einen das Wahre verlieren, man passt sich an, das ist es. Man wird ein angepasster Zombie, egal wie reich oder gebildet, egal wie schön man aussieht oder welchen Wagen man fährt. Er konnte durch den Schirm gut erkennen, dass die allermeisten Menschen auf-Satan-komm-raus sich
lieber in Bedrängnis bringen lassen, als das sie sich dagegen wehren. Na, denn mal Gute Nacht Freiheit.
Denn mal Guten Morgen Monotonie, innere natürlich, innere natürlich.
Der kleine Hafenplatz lag leicht beleuchtet noch ziemlich ruhig da. Die Bars um ihn herum waren zwar offen, aber in ihnen wurde noch nicht viel auf den großen FaschistenFick aufgebaut. Jetzt war noch der VerständerFick zu haben. Die Schwulen waren auf dieser Insel nicht so in Massen vertreten wie, sagen wir, auf der Glamourinsel

nördlich von dieser Insel.

Herr „Z" schaute in Pedros Bar hinein.

Pedro der Fette, ein absoluter, sehr wendiger Diktator. Seine Familie hatte mit der Hunta zusammengearbeitet, in diesem kleinen Dorf, trotzdem konnte er da jetzt noch leben, die Hunta musste also noch das Dorf in der Hand haben, auch wenn sozialer Demokratismus in Griechenland auf dem Papier stand.

Pedros Bar war die beste am Hafen. Dekorationsmäßig, musikmäßig, preismäßig die höchsten Preise. Also das Beste. Pedro war nicht da, seine Diener legten die Platten auf, gossen die Drinks ein. Die Urlauber waren die reinsten Saufmechanismen geworden.

Herr"Z" hatten seinen Schirm inzwischen geschlossen. Direkt schräg an der Seite von Pedros Bar war eine sehr alte, ganz wackelige Hafenbar mit einem ebenso alten Besitzer. Mit den kleinen Stühlen, den wackeligen Tischen und der Bar, etwas in den Hausboden versenkt, drei Stufen runter, mit ganz kleiner Eingangstür, dort bekam man den gleichen Ouzo sogar noch mit kleinen Knabbereien, Erdnüssen, Oliven für ein Drittel von dem Preis, den Pedro verlangte. Die Reichen brauchen Geld, damit sie wenigstens reich bleiben oder mehr.

Reich werden würde auch ein anderer in diesem Dorf.

Der würde bald kommen.

Er kam immer zur gleichen Zeit.

Er war offensichtlich irre.

Einer der immer zur gleichen Zeit kommt muss irre sein.

Dieser der kommen würde, sah aber auch noch irre aus.

Herr „Z" wartete auf diesen Irren.

Da er sowieso wusste, dass er in sich den Kern der Ignoranz trug, ganz im Gegensatz zu den meisten die hier

waren, die von sich meinten, sie wären diejenigen die

alles wüßten.
Da er also wusste, dass er ignorant war, konnte er auch gelassen auf einen Irren warten. Alle anderen vermieden Kontakt mit diesem Irren.
Nachher im Sommer, wenn Tausende Großstadtficker hier
waren, glotzten sie diesen Irren mit solchen Augen an, dass eindeutig erkannt werden konnte, die waren noch irrer, weil sie meinten, so wie sie waren, waren sie viel, viel
besser dran.
Wenn der Irre ins Dorf kam, bekam er immer Freibier.
Er redete nie mit irgend jemanden.
Der Irre hatte den starren fixierten Blick und schaute nur.
Er war immer nur am Schauen.
Nicht weg schauen.
Nein, hinschauen.
Und obwohl die Reisenden sich doch amüsieren wollten, gesehen werden wollten, war es ihnen nicht angenehm beschaut zu werden. Ganz abgesehen vom Schauen des Irren, sah er auch noch elegant irre angezogen aus.
Ob es nun 35 Grad im Schatten war oder nicht, er trug immer die dickste Winterkleidung.
Über seinem sauberen alten grauen Anzug trug er noch einen dicken Wollmantel, auch der Schal gehörte dazu. Dann noch die Fliegermütze oder manchmal einen Hut, dunkle Handschuhe waren auch immer an ihm. Und die Schuhe waren dicke Armeeschuhe, die bis zu den Waden gingen.
Aus diesem eingebündelten Stoffberg sah man dann sein dunkles Gesicht mit diesen fixierenden Augen. Losgelöste
Augen, obwohl sie so starrten.
Er war Plemmplemm, das war die Situation im Dorf mit

ihm. Sein Gang war auch gar nicht geschmeidig, eher mechanisch, vielmehr eckig.

Trotz Allem war dieser Irre frei, er war hier auf dieser schönen Insel zwischen Blumenwiesen an Stränden mit Agaven, er war frei, nicht in Irrenhäuser, wo er nicht nur irre wäre, sondern sogar noch wahnsinnig gemacht werden würde, denn dort sind Drogen auf einmal erlaubt, legal, wie zu den Systemarbeiten des Sowjetismus, um einen gefügig zu machen oder eben wie beim demokratischen Pisspottleben, um einen Pisspottgefüggigangepassten aus jemanden zu machen.

Nun, der Irre und Herr „Z" hatten zusammen einen Plan. Wenn Irrheit und Ignoranz zusammentreffen, dann ist die Synthese Profit machen auf Kosten der Unzufriedenheit der anderen. Deshalb auch die Korruption, das Geheuchel und die Staatsverkommenheiten in sämtlichen Staaten der Erde. Kein Staat ist frei davon. Also muss bei denen die gleiche Kompetenz zusammengekommen sein.

Da im Dorf wegen der wenigen Großstadtficker-Reisenden jetzt noch nicht der beste Champagner vorhanden war, trank Herr „Z" nun ein Sodawasser.

Mitten im Schluck kam der Irre auf den Hafenplatz.

Herr „Z" setzte das Glas auf den Tisch. Machte sofort den Schirm auf, denn das war das Zeichen, das der Irre sich zu ihm setzen sollte. Wenn der Schirm nicht aufgespannt werden würde, würde der Irre jede Kontaktaufnahme verweigern. Als der Irre sich hingesetzt hatte, dort saß ohne etwas zu sagen oder irgendwelche Art der Kontaktaufnahme gemacht hatte, kam sofort der Barbesitzer und brachte ihm ein kostenloses Bier.

Herr „Z" legte dem Irren dann das Stück Papier auf den Tisch. Der Irre beachtete es gar nicht.

Die anwesenden Hafengäste hatten davon mehr wahrgenommen, als der Irre selber. Sogar die Katzen, die über-

all umher liefen, die sogar unterm Tisch lagen, die wussten, dass dort ein Papier hingelegt wurde. Der Irre saß nur da, trank weder das Bier noch regte sich ein Interesse anderer Art. Das war eben seine Art der Begrüßungskommunikation.
Erst wenn man mit ihm zwanzig Minuten still gesessen hatte, erst dann würde er beweglicher werden. Aber sprechen würde er nie.
Für Herrn „Z" sah es immer mehr so aus, dass der Irre die Normalen für irre hielt.
Also schaute Herr „Z" erstmal den Kindern und Alten zu, die auf der Hafenmauer sitzend jetzt im Dunkeln angelten. Nach genau zwanzig Minuten nahm der Irre das Stück Papier und las es, hatte wieder den starren Blick, nahm seinen Kugelschreiber und schrieb etwas auf die andere Seite des Papiers, trank das Bier, stand auf und ging wieder seine Runde durchs Dorf.
Doch bevor er außer Sichtweite von Herrn „Z" war, drehte er sich nochmal ruckartig um, schaute nach oben als ob die Englein zu ihm singen würden und fing dann laut an zu gestikulieren, ohne Sprache, aber mit Hand- und Fußbewegungen, so wie in Vonneguts Heldengeschichte, wo ein Marsbewohner sämtliche Weisheiten der Welt kennt, sie aber nur durch Tapdancing und Furzen mitteilen kann. Aber die Dorfbewohner kannten ja schon seine Sprache und fast keiner schaute zu, bloß Herr „Z", für ihn war's immer noch neu.
Die ganze Atmosphäre wirkte dadurch noch gespenstischer auf diesem Hafenplätzchen, schwach beleuchtet, die Gestalten in Schwarz, die auf dem Balkon saßen, waren auch nur als Schemen zu erkennen, überall wurden Wandflächen durch tiefe Schatten unterbrochen und an vielen Ecken zweigte dann eine kleine Gasse, oder ein Loch für Hühner oder Fischermannsseile ab. Sehr verwin-

kelt unglatt, sehr empfänglich für das spinöse Gemüt.
Jeder tat dort seine Sache. Für die Kinder am Hafenbecken war das Angeln das Wichtigste. Für den Barmann seine Geschäfte. Für den Irren war alles wichtig. Und für Herrn „Z" war nun dieses Stückchen Papier wichtig. In einer Berg und Talschrift stand dort sehr gut zu lesen, dass er nun mit seinem Gerät fertig ist und er nun aber ein Testobjekt braucht. Wenn dann der Test zufriedenstellend war, sollte das Gerät in Massenproduktion gehen. Herr „Z" möchte ihm doch eine Testperson besorgen. Dann erwähnte er noch seine Dankbarkeit und das aus dieser Arbeit für beide, dank der Frustration der meisten Menschen, großer Reichtum für Beide entstehen wird, da dieser Device sozusagen in die Lehre von der Gesellschaft fällt, soziologischen Wert hat und dergleichen anderer Begriffe auch noch berührt.
Herr „Z" würde also sein Bestes geben, um diese Testperson zu bekommen. Er wüsste auch schon wen.
Hoffentlich würde das Delgadotestmenschchen auch ekstatisch juchzen, stöhnen, sich winden oder ganz einfach zu menschlichem Schmelzkäse der aller feinsten Art werden.
Herr „Z" freute sich, er schmunzelte vor sich hin und schaute niemanden an, denn diese Freude war sehr leiblich, sehr rund, sehr weglos. Sehr sehr ignorant, sich einfach so zu freuen, so grundlos, so unwissenschaftlich, da stimmt doch etwas nicht. Viele Menschen fragten ihn des öfteren, warum schmunzeln sie so, warum lachen sie, warum sind so froh.
Mit der Zeit erkannte er dass das ganz einfach für die unverständlich war, Lachen, Freude, Schmunzeln musste eine Substanz haben, eine Materie, das kann es nicht einfach so geben, von wo soll die herkommen, die muss unters Vergrößerungsglas gelegt werden, allopathisch

behämmert werden, die muss zerschnitten werden, und wenn sie dann zerschnitten ist, ist auf einmal keine Freude mehr zu sehen, dann sind nur noch Wörter oder höchstens Blutlachen da.

Er würde keinem mehr verraten weshalb oder weil er froh war, die Mentalitäten des Wissen-Schaffens in Verbindung mit den psychologischen Mentalitäten erwiesen sich oft als die gescheitesten, Blöden. Für sie war es schon so absurd geworden, dass sogar ein Lächeln hinterfragt werden musste.

Herr „Z" wusste das alles, in seiner Ruhe hatte er genug gesehen, in seiner Ruhe hatte er viel bemerkt. Aber trotzdem war er immer noch ignorant. Die Ruhe alleine war nicht der Weg die Frustration der soziologisch angehauchten verklemmten Menschen zu benutzen.

Ja, es ging nur um Entklemmung der Verklemmung. Und dafür ist der neu entwickelte kleine Taschenmechanismus genau das Richtige.

Herr „Z" hatte sämtliche Einzelteile fein säuberlich konstruiert, sogar mit Schaltplänen und auch den Einzelzeichnungen für spätere Massenproduktion angefertigt.

Dafür standen ihm 50% sämtlicher Einnahmen zu. Es würden Millionen über Millionen werden, denn es gibt so viele frustrierte Menschen.

Das konnte man an den Sexfilmen, an den Massagebars, an den Pennmagazinen, an den Sexclubs, an den Gesichtern der hier urlaubenden Gästen sehen.

Und nur aus verständnisvollem Mitleid hatte er sich darauf eingelassen denen Satisfaktion zu bringen. Er würde dann wohl später als Menschheitsapostel von der Kirche heilig gesprochen werden, insbesondere wenn er jährlich Millionen spenden würde, denn Reiche sind sofort Heilige. Und wie die Insulaner, die Huntareste hier sagen: Es ist besser Reich und Unglücklich zu sein, als arm und un-

glücklich.
Und der Irre, der war der richtige Mann für die Verfeinerung dieser Entwicklung gewesen. Delgado, der Wissenschaftler, der war eben wie Einstein der Wissenschaftler, unbewusst in die Falle der schlechten Gesellschaft geraten. Nun, dieser Delgado hatte Elektroden in die Gehirnzentren von Tieren gesteckt. Dann bei einem eher schwachen Stromlauf wurde in einem gewissen Zentrum des Gehirns das Sexzentrum gefunden. Instant wie Illumination gerieten die Tiere in die allerhöchste Form der sexuellen Ekstase, es war kein Vergleich mit der normalen Ekstase, die mehr auf Fantasie beruht, als auf wirklicher Ekstase. Natürlich hatte der elektrodische Sexorgasmus seine Komplexitäten, die Tiere die sich damit selbst bedienen konnten, ließen davon einfach nicht ab, den Kontakt herzustellen. Erst als sie sexuell orgiastisch völlig flach lagen, groggy waren, war das Ende erreicht.
Wer weiß, wie es auf Menschen wirken würde. Würden die Menschen die Fähigkeiten haben, diese sexuelle Zeitbombe nicht zu missbrauchen. Würden sie die Frustration sublimieren können und nicht zerstörerisch werden, sich sexuell in die Luft sprengen. Herr „Z" stand auf, legte einige Drachmen, die auch immer mehr wertlos wurden, auf den Tisch. Er fühlte sich sehr, sehr gut. Auch Ganoven fühlen sich sehr, sehr gut. Auch Mörder fühlen sich sehr, sehr gut. Auch Atombombenhersteller fühlen sich wahnsinnig gut. Aber er war ja schließlich keiner von denen, er gehörte zu denen die alleine glücklich werden, waren, - sind.
Er ging den kleinen Feldweg, nicht die große Highway entlang. Der kleine Feldweg ist der Weg mit Blumen, Düften, singenden Vögeln und Wanderern die ebenso dafür offen waren. Ab und zu kam jemand anders dort entlang. Die große Highway war für jene die gesellschaftlich Erfol-

ge erschlugen, also erkämpften. Da gings dann um 2,5% Lohnerhöhung, oder es ging um jahrhundertelange Abrüstungsgespräche mit eventuellem Schaum vorm Mund der Beteiligten. Der große Highway war für jene die sich als die Auserwählten sahen, die Politiker, die immerzu ihren Schäfchen, den Bürgern vorkauten. Die Welt, die ja so klein für sie geworden ist, obwohl sie genauso groß wie immer ist, das war die Highway für sie. Herr „Z" war eben ein von alledem unbeeinflusster ignoranten Spazierer. Er war aber nun jemand, der delgadisch reich werden würde.

Das war eben, wenn man den kleinen Feldweg spazierengehend begrüßt und dann erkannt, da liegt Talent auf dem Grünen.

Da ist etwas mit zu machen. Aber trotzdem, er war deswegen nicht besonders oder gar auserwählt. Er brauchte überhaupt gar nichts zu beweisen. Das hatte er während seiner langen Zeiten des NichtSprechens erkannt. Denn er ist schließlich dort, er ist hier. Er lebt, er hat Freude in sich, er hat Lachen in sich, er hat Ruhe in sich, wozu soll er da noch beweisen, dass er etwas Besonderes ist. Er ist doch. Er brauchte sich nicht zu spezialisieren, zu einem Fachidioten werden.

Trotzdem manchmal, manchmal wenn er ruhig wurde, da war ihm so als ob er gar nicht mehr wüsste wer er eigentlich ist. Als ob er vergessen hatte, dass er eine Person war. Einfach vergessen.

Er spannte wieder seinen orangenem Schirm auf und ging dann wieder zurück aus dem Dorf hinaus. Über ihm der pralle Sternenhimmel, wo ab und zu Materie auf die Erdatmosphäre fiel und dabei verglühte.

Ob er mal einen Wunsch haben sollte, durchzuckte es ihn, - dann auch nicht mehr.

Wenn jemand Nachts mit offenem großen Sonnenschirm

die Landstraße entlanggeht passieren auch schon mal Dinge, die ganz einfach ohne Schirm nicht passieren würden. Zuerst hat sich ja die Kontur des Menschen verändert. Er sieht nicht mehr so aus. Der Schirm gibt ihm die Form eines übergroßen Pilzes. Möglicherweise hat das dann auch Effekte an die chemische Gehirnsubstanz des Menschen. Wenn er selbst ein großer Pilz ist, könnte er auch ein großer Kaiserling oder ein Fliegenpilz sein. Seine chemische Substanz könnte Halluzinationen hervorbringen, da die Nacht oft zu spinösen Fantasierereien animiert. Da wird die Fantasie zur haarsträubenden Kulisse des Beobachtens. Man wird sozusagen ganz losgelöst von seinem Erdpol, seinen Füßen, die Verbindung zur Erde.
Das war auch der Fall beim Zurückgehen des Herrn „Z". Er hatte nicht aufgepasst und schon war er in der inneren Spinnerei vernetzt.
Dazu heulten noch die Eulen aus allen Kehlen. Die Käutzchen schriiiekten, als ob ihnen der Satan im Nacken ritt. Und die Insekten hatten auch eine merkwürdige Art sich den Tönen hinzugeben.
Herr „Z" war auf einmal ganz plötzlich zwischen Gehirn und Schädeldecke gerutscht. Ja, ganz da oben. Dort liegt das spinöse Flattrige, das Ego, das um sich immerzu Angst
hat. Das den ganzen Ärger seit eh und je gemacht hatte. Wenn er wacher gewesen wäre, hätte Herr „Z" es genau beobachtet, aber nun war er mal ins Traumreich gefallen. Was merkwürdigerweise oben liegt.
Die Eulen hatten keine Angst vor der Kontur eines Pilzes. Eine kam geflogen und setzte sich auf den Sonnenschirm und ließ sich mittragen.
Nach kurzer Zeit fing die Eule an zu Eulen, sie sang das Lied, wie Kraft-Macht korrupt macht. Wie alle Kraft korrupt macht. Sie sang das Lied, wie Prestige korrupt macht.

Wie Reichtum korrupt macht. Sie jodelte Eulisch davon, wie politische Politiken korrupt machen.
Aber Herr „Z" hörte irgendwie nicht zu.
Für ihn war das Gehörte ohne Wahrheitswert geworden.
Er war ganz einfach isoliert geworden.
Doch die Eule sang weiter.
Nun sang sie das Lied, das wenn Korruption Kraft auf einer Einbahnstraße weitermacht, ohne an der Kreuzung des Wohlwollens sämtliche Macht-Kraft zu einer schwarzen Wolke wird, zu einer SaurenRegenWolke, die alle dazugehörigen Lebensformen nicht nur Menschen versauert.
Denn Kraft selbst ist blind und Korruption baut darauf auf.
Nur Wohlwollen.
Nur Wohlwollen.
Nur Wohlwollen säuselte die Eule in einem fürchterlichen eulischen Crescendo, so himmelhoch, dass sogar die Götter in den Wolken, die gerade beim Champagnertrinken waren, merkten wie ihr Champagner sauer wurde... Deswegen schauten sie nach unten und sahen diesen Pilz umher wandeln.
Ach, lächelte der duftende Götterbote, schon etwas wabbelig im Kopf, seht wen wir da unten haben, den zum Pilz gewordenen Herrn „Z", der durch die Dunkelheit in das Ego gefallen ist und nun mit seiner Spinösität zu kämpfen hat. Und die Eule hat ihm dabei diese schriiiiikische Arie vom Wohlwollen suggeriert.
Ja, er war wieder mit informativen Altigkeiten beschäftigt, meinte die Göttin, die auch schon etwas champagniert war.
Er ist eben manchmal nicht bereit sich zu ändern. Immer mehr Fakten will er anschleppen, obwohl er ja schon den Versuch gemacht hatte Faktenlos zu werden, denn letztendlich muss er's ja sowieso. Er ist auf den Egotrip reingefallen. Lassen wir ihn noch eine Weile dem Wahn

verfallen, lassen wir ihn noch etwas von dem Korrupten schmecken, lassen wir ihn noch glauben, dass die Wirklichkeit nur in ihm besteht.
Ja, er muss endlich lernen dieses Anal-lysenhaftige beiseite zu legen, um dann mit der Synthese weiterzumachen. Er muss die Verbindungen zwischen Allem sehen, erkennen, fühlen wenn's sein muss.
Dabei war er schon mal der Champagnerkönig, rief der Göttermann. Er tankte diesen Champus hier, - als Aperitif natürlich.
Komm wir lassen ihn ein bisschen vom Champagner kosten, vielleicht wacht er dann wieder auf. Und so gossen die beiden ihre Kelche über Herrn „Z" aus.
Aber Herr „Z" machte gerade in dem Moment, als die Kelchinhalte auf dem Sonnenschirm gelandet wären, eine abrupte Bewegung, er stolperte nämlich, weil vor ihm auf der Straße ein Igel zusammengerollt lag, und er wollte dort nicht hineintreten. Und so bekam der Igel den ganzen Champagnerregen mit. Da hatte Herr „Z" ihn aber wieder wach gemacht. Er schaute verwundert nach hinten. Wie konnte ohne eine Wolke am Himmel denn plötzlich Regen fallen, sagte er zu sich und der Umgebung.
Naja, da die Welt möglich war, muss sowas bestimmt sehr leicht möglich sein, grumbelte er vor sich hin.
Die Schöpfung nach den Griechen war ihm aber nicht unbekannt. Den alten Griechen mangelte es nicht an Schöpfungsmythen, und in mancher Hinsicht lehnten sie sich an die Babylonier an. Unsere Kenntnisse vom religiösen System der Griechen verdanken wir den Dichtern Homer und Hesiod. Nach ihren Darstellungen lebten die Götter in einem königlichen Hofstaat, der von Intrigen und Lüsten geprägt war. Es wurde Unmengen an Schampus aus Frankreich da auf dem Olymp versoffen.
Für Hesiod war das Universum aus dem Chaos entstan-

den, das heißt aus der Tiefe des Weltraums, der die erste Göttin, Gaia (Erde), hervorgebracht hatte. Gaia ihrerseits schuf den Uranus (Himmel), der ihr Ehemann wurde, und gemeinsam zeugten sie zahlreiche niedere Götter. Es kam zu einer Trennung zwischen Himmel und Erde, als Kronus, ein Sohn, der aus der Verbindung der beiden hervorgegangen war, seinen Vater Uranus in einem Anfall von Eifersucht überfiel. Der wütende Kronus zeugte mit seiner Frau Rhea den Zeus, der oberste Gottheit wurde. Die Griechen glaubten ferner, die Erde sei eine von einem riesigen Meer umgebene Scheibe.

Leider stammen die einzigen uns erhaltenen schriftlichen Zeugnisse der ersten Jahrhunderte des Christentums von Männern, deren Denken völlig griechisch war. Das sind Justin der Märtyrer (110 bis 165 n. Chr.), Klemens (160-220 n. Chr.), Origenes (185-254 n. Chr.) und Augustinus (354-430 n. Chr.), die alle vor ihrer Bekehrung Anhänger von Platon (427-347 v. Chr.) und Aristoteles (384-322 v. Chr.) gewesen waren. Durch diese Männer drangen Aspekte griechischer Mythologie (zum Beispiel der Glaube, die Erde sei eine Scheibe) und Philosophie in die römische Kirche ein und beeinflussten deren Theologie in entscheidender Weise.

„Das Problem mit den Heidenchristen", schreibt der Kirchenhistoriker Samuel Bacchiocchi, „war nicht nur ihre mangelnde Vertrautheit mit der Heiligen Schrift, sondern auch ihre Faszination mit den Spekulationen griechischer Philosophie, die ihr Verständnis biblischer Wahrheiten trübte." Nach Bacchiocchi „wichen die Heidenchristen gern in philosophische Spekulationen ab, die zur Trennung des Christentums von seinen historischen Wurzeln führten" (God's Festivals in Scripture and History, Biblical Perspectives, Berrien Springs, Michigan, 1995, Seite 102).

Vor allem Origenes und Augustinus gingen dazu über, das erste Buch Mose weitgehend als Sinnbild auszulegen. Für sie waren die Figuren, die in diesem Buch vorkommen, nur symbolische Darstellungen menschlicher Verhaltensweisen. Allmählich wurde ihre Auslegung zur Norm für das katholische Verständnis von großen Teilen des ersten Buches der Bibel. Es ist offensichtlich, dass spätere Päpste von den frühen Kirchenvätern beeinflusst wurden.

Nach einigen mehreren Schritten war er dann auch schon an der Abzweigung zum Feldweg gekommen. Die helle Straße, auf der er versunken war, lag nun wieder in ihrem eigenen Staub.
Als er etwa fünf Minuten gegangen war, kam ihm der Nachbarhund schwanzwedelnd entgegen. Und trotz Dunkelheit hatte der kleine Hund soviel Angst, soviel Demut, dass er sich ganz klein machte, nur damit er ja freundlich begrüßt wurde. Was muss dieser Bienenfangnachbar

den doch mit der gehobenen Faust regieren. Das muss ja ein echtes Hundeleben sein, nicht wahr du Kleiner, sagte Herr „Z" zu ihm.
Der Hund wollte seine Hand lecken, aber das ließ Herr „Z" nicht zu. Freundlich tummelte er sich nun mit ihm auf dem Weg herum. Als die beiden dann bei den Nachbarn vorbeikamen war noch Licht zu sehen. Aber keine weiteren Menschentöne. Der Hund folgte ihm bis zum Haus, dann lief er wieder zurück zu seiner Blechtonnenwohnung unter dem alten knorpeligen Olivenbaum.
Als Herr „Z" die Holztür aufmachte kamen die beiden Kätzchen unter der Kanalisation hervor, miauten mit ihren piepsigen Stimmen und wollten auch ins Haus gelassen werden.
Oh, kommt rein ihr Zwerge, rief er ihnen zu.
Er selber schenkte sich dann erstmal ein Gläschen Wein ein. Den dickflüssigen, den sich die Insulaner hier selber machen. Der hat noch Aroma, der ist kräftig, der ist nicht so wässerig wie der normale Wein, den man auf Regalen stehend kauft.
Dann rieb er sich die Hände.
Ha, das Delgadogeschäft und er hatte auch schon eine Testperson.
Bei Kerzenlicht lag er dann noch eine Weile im Bett und sinnierte vor sich hin. Die Kätzchen hatten es sich inzwischen auch auf dem Bett gemütlich gemacht. Draußen raschelte das Schilf und während sich die Töne davon mit den Tönen der Käutzchen und Eulen vermischte, was alles mit dem Wind hin- und hergetragen wurde, säuselte Herr „Z" zurück zu sich selber, in den Schlaf hinein.
Er hatte sich eigentlich noch nie gefragt, wo er eigentlich hingeht wenn er schläft, - was passiert denn da nun wirklich, wo war er denn nun ganz genau.
Die Kerzen brannten noch eine Weile als er schon längst

entspannt vor sich her schnurrte, so wie die kleinen Kätzchen.
Aber selbst die Nacht hatte es sich gemütlich gemacht. Sie wurde von dem ganz seichten Wind berieselt, sie wurde von den Sternen beglitzert, sie wurde von dem Meer des Bewusstseins in Stimmung gehalten und sogar die große Wolke des Lachens, die nur in der Nacht lebt, hatte dieses mal einen entzückenden Witz für sie auf Lager, so dass nachdem der Witz ihr erzählt wurde, ein riesiges Lachen am Firmament zu hören war...
Eingebettet im Tag verbrachte die Nacht so ihre Güte. Ganz ganz sachte kam dann der Morgen. Richtig ausgeschlafen, hellwach und duftend nach frischen Farben, nach neuen Tönen. Er kam so sachte, dass selbst feinste Instrumente der Wissenschaftler keinen Unterschied, keine Demarkationslinie zwischen Nacht und Morgen messen konnten. Es war so, als ob ein Ganzes, bloß ein Ganzes blieb.
Hätten die Wissenschaftler aber richtig hingeschaut, dann wäre ihnen schon der Unterschied aufgefallen. Er ist sehr fein, sehr duftend, sehr lieblich. Und nach solchen Kennzeichen schauen Wissenschaftler nicht. Der Unterschied war nämlich der, dass Nachts alles nach unten geht, sämtliche Kräfte der Natur ziehen sich zurück, während morgens alles nach oben gehoben wird. Eine Art Levitation passiert zu allem was vom zarten Morgen berührt wird. Die Stimmen steigen hoch, die Säfte in den Pflanzen steigen hoch, der Mensch steigt hoch. Das Gesetz der Gravitation ist hauptsächlich Nachts am Wirken, trotz des großen Lachens, das man Nachts hören kann. Und mit diesem Nach-oben-fallen am zarten Morgenlicht fängt der Morgen dann an...
Schon ganz früh fing der Pirol zu singen an, seine Töne stiegen sehr hoch nach oben. Seine Töne waren das

reinste Liebesgesinge, nicht das territorische Gehacke der Wissenschaftsmentalität, dieses Blöde, wo man versucht die eigene Blödheit auf den Vogel umzuwälzen, wenn's schon ums Territorium geht dann muss auch verstanden werden, dass man durch Liebe für länger und schöner sein Territorium aufbaut. Aber es zeigt eben klar und deutlich was der Wissenschaftler so für Interpretationen in sich hat, eben blöde, dumme, ganz und gar maschinelle, kapitalistische Geldmach und Staatserkenntnisse.

Der Pirol hat solch eine melodische Variation, solch eine lebendige Pirouette an Tönen, die von solch einer Klangschönheit sind, dass derjenige der Ohren hat sofort entzückt ist. Was muss das für eine innere Schönheit sein, wer so am frühen Morgen die Welt begrüßt, wie glücklich, wie freundlich, wie überlaufend an sagenhafter Feinheit ist sein Gesang. Sein Gesang ist mehr als ein Gelächter, mehr als ein tiefes Anbeten. Es ist das Gebet der Kreation an sich selber. Zu diesem wunderbaren Gesang und der Zartheit des Morgenlichtes wachte Herr „Z" auf einmal auf.

Er war sofort wach, sprang aus dem Bett und schaute durch das kleine Fenster in Richtung Pirolgesang.

Der Pirol saß auf einem dünnen Zweig, keine zwei Meter vom Fenster im Schilf.

Erstaunt durch sein plötzliches Aufwachen, erstaunt durch die wunderschönen Töne, erstaunt durch die Wachheit in ihm ging er noch nackend ganz vorsichtig aus dem Haus und setzte sich in den Gartenstuhl, um von dort den Feldweg hinunterzuschauen, zum Meer des Bewusstseins hin, aus welchem die Sonne bald aufsteigen würde. Die Kätzchen folgten ihm und setzten sich dann in seinen Schoß, um dort weiter zu schlummern. Die Goldammer, die Haubenlerche, die Tauben, die Spatzen, die Stieglitze, die Kappenammer, die Zippammer, die Blaumerle und

sogar der Wiedehopf, alle waren nun feste am Singen, Gurren oder andere Arten der Töne von sich gebend.
Der Tag fing fantastisch an.
So wie in den Großstädten, nicht wahr.
Mönchsgrasmücken zirpten vor sich her. Nebelkrähen krächzten, Raubwürger piepsten und ein großer Schwarm Bienenfresser flog in Richtung Westen auf ihre Felder hinzu, natürlich mit ihrem typischen Tüdeliiih Gesinge. Über allem aber sang der Pirol.
Keine einzige Wolke war am Himmel. Der Horizont war in zartem Rosa gehüllt, das sich mehr und mehr in ein kräftiges Orangerot, dann bis tiefrot färbte.
Als die Sonne anfing sichtbar zu werden hatten die Vögel schon aufgehört zu singen, nun piepsten sie vor sich her, fingen an ihr Futter zu suchen.
Leer und ruhig saß Herr „Z" als die ersten wärmenden Sonnenstrahlen auf ihn fielen. Eine große Erleichterung wurde in ihm wach, eine Entgegengesetztheit von Gravitation wurde in ihm wach. Eine ganz neue Erfahrung. In sich selbst versunken blieb er so eine gute Stunde dort sitzen. Als sein Körper so richtig angeheizt war, erst dann stand er auf, nahm die beiden Kätzchen, ging ins Haus und gab ihnen Futter. Mit erhobenen Schwänzchen aßen sie.
Sehr leicht, sehr tänzelnd brachte er dann seine Frühstückssachen nach draußen, um dort zu essen. Beim morgendlichen Umhertänzeln sah er dann den Spruch Laotzes an der Wand...
Große Leistungen erscheinen unvollkommen - und doch bleiben sie nützlich,große Fülle erscheint wie leer - und doch ist sie unerschöpflich,große Ehrlichkeit erscheint übertrieben, großes Wissen erscheint dumm,
große Redegewandtheit erscheint wie Stottern. Bewegt man sich, so friert man nicht mehr,

verhält man sich ruhig, macht einem die Hitze nicht mehr zu schaffen,
Stille und Ruhe
bringen die ganze Welt ins rechte Maß.
Als er das gelesen hatte, merkte er wie sein Ego diese Art brauchte, er brauchte sie erstens mal war er im Land des Egos, zweitens war sein Egoweh auch noch so subtil, immer am Rumoren, immer am Bohren und am Planen,manchmal eben zu viel. Aber er konnte sehr gut beobachten wie das Ego unterschiedlich von ihm selber war. Das Ego saß genau zwischen Gehirn und innerer Schädeldecke. Er beobachtete es oft genug. Natürlich konnte das Ego viel machen, es war klar ersichtlich, da waren genügend Kriegsmaterialien auf dem Weltmarkt, da waren genügend zerstörerische Zerteilung, Reibereien, da waren bestimmt genügend Kriege, aufgeblasene Menschen die so aufgeegot waren, so voller innerer Abgase, dass das Ego eben an zu fliegen fing. Da war gar kein anderer Weg für jene, so war's nun mal. Aber da er ja das Ego genau beobachten konnte - wenn er aufmerksam genug war - wusste er, dass das Ego bei weitem nicht das Beste, das Höchste für ihn war, - bei weitem nicht.
Wenn's ihm am allerbesten ging war er oft so versunken in entweder Arbeit oder in Beobachten oder in Freude oder in Tanzen oder das er in dem Moment vergaß, dass er überhaupt da war,er war dann einfach weg.
Wo er dann war wusste er auch nicht, aber trotzdem lief alles zum Besten in solchen Situationen. Als wenn er sich irgendwas Anderem in sich überlassen hatte, als wenn er dann nicht mehr aus dem Kopf lebte, sondern total da war, - komisch, wenn er also total da war, war er irgendwie weg.
Heute morgen war wieder so ein Morgen, ein kostenloser Morgen, Zeit die kein Geld ist, niemand war seiner Zeit

voraus, es war eher das er mittendrin war, er war umgeben von der Kostenlosigkeit, umgeben vom Nichtsparen, er war umgeben vom freizügigen Geben, vom Wohlwollen, also von einer riesigen Gunst. Und die Gunst ist das Gegenteil von der Gravitation, - ja, das fiel ihm nun auf.
Gravitation zieht also nach unten.
Gunst bringt also nach oben.
Ahhha.
Er lächelte spontan als er dahinter kam.
Er hatte so früh erkannt, dass ein anderes Naturgesetz das Gegenstück zur Newton'schen gesehenen Gravitations-Erkenntnis existieren musste.
Stimmt ja, - es gibt immer das Gegenstück zu etwas. Nur Erde, - gibt es die Nichterde, möglicherweise die Antimaterieerde, - schwarze Löcher.
Zur Hitze - die Kälte.
Zur Liebe - die Antiliebe.
Zum Durst - das Ersaufen.
Jedenfalls wusste er, dass erhebende und erniedrigende Kräfte in ihm waren - und um ihn herum. Das war wichtig zu wissen. Das konnte delgadisch verwendet werden. Das konnte zur Erhöhung des Lebens beitragen. Das war ein besonderer Grund nun sein Frühstück zu sich zu nehmen.
Inzwischen war's nun Ende April schon so heiß geworden, dass er unterm Schilfdach sitzen musste, wollte, tat. Während des Essens wusste er auch, das er sich wegen seines Egos aber nicht ins Chaos stürzen würde, er kam mit seinem Ego klar, er hatte ein aktives Ego, ein dynamisch Forschendes, - ihm war's nicht unangenehm ein Ich im Körper zu haben. Sein Ego hing nicht in der Fantasie oder in den Zehengelenken, sein Ego war nicht zu aufgeblasen, dass er ins Land der Papperlapapp-Ebene fiel, nein, sein Ego gehörte zu ihm, das hatte er selbst gewachsen,

selbst gezogen. Er brauchte kein Ego loswerden, das war nur für jene die mit sich unzufrieden waren, für jene die krank waren, die Gurus brauchten, die Psychologen hatten oder jene, die meinten sie wären der heilige Staatspräsident von Welthausen.
Er hörte schon in der Ferne, dass zwei Fahrräder in diese Richtung kamen. Dann kam das bekannte Huhu, Hallo, Schätzchen, wir sind's.
Dann bogen die zwei Frauen auf den Hof ein.
Die kleinere trug ihre roten Ledersandalen und einen hellgrünen Rock aus weichem bunt geblümten Stoff, dazu eine cremefarbene Bluse aus Seide. Die andere hatte einen doppelfetten Arsch und trug immer orangene Farben, sie war eine orangene Jüngerin, ihr Name war Kailasch, - Herr „Z" nannte sie aber Geilarsch.
Herr „Z" hatte eine intuitive Abneigung gegen Geilarsch. Nicht weil sie zu den Orangenen gehört, nein, da war was anderes in dieser Frau was ihn abstieß. Da war für ihn in dieser Frau zu viel Täuschung.
Und Herr „Z" konnte ziemlich gut sehen, er hatte eine 20x20-Sicht.
Nun ja, aber die kleine Frau, die Hundertfünf-Pfundfrau, sie war zu ihr hingezogen. Dadurch fiel Herrn „Z" auf, dass
Gleiches ja Gleiches anzieht, dass die Frau auch solch eine Täuschebene in sich hatte, mit der sie im Stillen sympathisierte. Möglicherweise täuschte die Frau, von dem was Bewusstsein sein soll, ihm was vor, was aber in Wirklichkeit ganz anders war.
Jedenfalls ist dieses der Zeitpunkt im Leben von Herrn „Z" wo er sich innerlich mehr zu sich selber gezogen hatte und feststellte, dass in der Transformation, der Sublimierung von seinem Leben, er dabei war zu erkennen weshalb er mit anderen zusammen war und aber weshalb

andere mit ihm waren.
Diese sogenannte Liebe, die war langsam der Pfad der Einzelkämpfer geworden, wo der andere dann im Namen des Wortes der Liebe Strapazen auf sich nehmen sollte.
Also es war eine Zeit des Umbruchs für Herrn „Z".
Nach der Begrüßung, diesem üblichen Schwung der dann in Ruhe überging, wurschtelten die beiden ihre Sachen vor sich her.
Diese andere ältere Frau Geilarsch mit der die Frau, nennen wir sie Dornröschen, nun oft zusammen war, zu der sie sich hingezogen fühlte, war erst vor einigen Monaten ins Leben von Dornröschen und Herrn „Z" gekommen.
Herr „Z" war Anfang Februar von Old Germany nach Marocco gefahren, um dort seine Geschäfte zu machen und um Spiegel mit zu dieser Insel zu bringen, um sie wieder zu verkaufen. Während seiner Abwesenheit hatte die Attraktion zwischen den Frauen dann angefangen. Für Herrn „Z" war aber die Reise von Old Germany nach Marocco eine interessante Reise, er hatte viel darüber nachgedacht weshalb in der Bundesrepublik Deutschland die Jugendlichen, viele jedenfalls, so mürrisch waren. Ihm fiel dann auf, wenn ein Mensch anfängt sich aus seiner Situation, sagen wir der Familie, dann der Freundeskreis, dann die Stadt, dann die Länder, dann das Land, dann die Nation, hineindenkt, er unweigerlich mit der Vergangenheit der Nation, dem Volk und deren Taten zusammenkommt. Das völkische, das Volk ist, hier insbesondere die Regierung, nicht ist völkischer als die Regierungen, die politischen Institutionen, die Begriffswelt die damit verbunden ist. Der Kanzler ist sozusagen ein einfacher Volksgenosse. Natürlich, in der Aufgeblasenheit der Macht steigt die Fantasie dann in die Wolke der Illusion und er sieht sich im Licht des universellen Glanzstücks der gesamten Nation und von der Sicht aus, ist alles andere völkisch, weil

er eben der Kanzler ist. Unter ihm, seinen Schuhsohlen also, ist der Bürger. Jedenfalls, die vergangene kriegerische Seuche der Deutschen Nation ist noch immer vorhanden. Das wird wohl auch immer so sein, außer echte, wesentliche Güte zum Leben kommt in das Bewusstsein der Deutschen.
Also ein Jugendlicher, der sich dann auch noch mit dem Land identifizieren soll, der kommt hier auf Abneigung, denn wer will sich schon mit Nazi- oder Kaiserkriegen identifizieren und mit der ganzen Wirtschaft die dazugehört. Das sind Tatsachen. Dann kommt noch dazu, dass in dem Begriff Bundesrepublik Deutschland so viel Attraktion liegt, wie ein möglicher Biss und das Runterschlucken eines Pferdeapfels.
Mit solch einem Begriff kann man sich nie anfreunden. Nur jene, die Paragraphen und Gesetzesbücher lieben, nur solche freunden sich mit solchen an und fühlen sich auf dem Stückchen Land der Erde dann wohl.
Bundesrepublik Deutschland hört sich so an als ob jemand andauernd Vorschriften, andauernd Staat, Staat, Staat, Staat schreit. Der Begriff ist ganz und gar unfreundlich, völlig nirostaartig, ziemlich unsichtbar, hat keine Assoziation zum Land selber, auf welchem ja alles lebt. Bundesrepublik Deutschland ist nicht wie Holland, Engeland oder wie China. Bundesrepublik Deutschland ist ein Nicht-identifizier-Etikett von Seelen, die ganz und gar blöde waren solche Werbung auf ein Land niederzulassen.
Und deswegen, erst wenn ein neues schönes Wort für dieses reiche wunderschöne Land gefunden wird, erst wenn ein Wort gefunden wird, das dieses Land wirklich gesehen hat, erst dann werden auch die Menschen wieder zu dem Bewusstsein kommen, das überländlich, überrational, übernational liegt. Alles andere ist Gestank, ist dumme Mathematik, ignorante Paragraphenanbetung.

Aber das Land selber, das blüht, bloß die Bezeichnung dafür ist völlig falsch.
Um auch viele Quälereien zu beenden, für die ganzen Menschen in diesem Land, will man ja nur das Beste für alle.deswegen machte Herr „Z" den Vorschlag, die gesamte Bundesrepublik Deutschland an die USA zu verkaufen. Jeder sollte zweimacher Millionär werden.
Ist das nichts, wer ist dagegen.
Ganz klar, die wenigsten sind dagegen.
Also ist der Vorschlag angenommen. Schon morgen wird verkauft.
Wollen die USA nicht, wird an Frankreich verkauft oder England oder Holland oder Dänemark oder oder.
Aber die USA will.
Also 60 Millionen mal 2 Millionen.
Wer hat so viel an Barem.
Durch Abkaufen von Nationen kann sehr viel Blutvergießen vermieden werden und letztendlich regiert nur noch eine Nation, - die alle Menschen sind. Kein Krieg, keine Handelskriege, keine Milliarden für Rüstung um sich gegenseitig umzubringen. Grenzen fallen weg, aber das Leben geht so weiter, nicht das man meint nun werden alle einheitlich oder soon Quatsch. Das passiert nur in Fantasien oder in der Vorstellung von 1884.
Ach, hier die Ablösesumme: 120.000.000.000.000 DM.
Als Herr „Z" dann zurück zur Insel gekomen war, sah er dann das sich die Lebensenergien von Dornröschen verändert hatten, sie waren nun mehr frauenbezogen, - sie flossen zur Geilarsch.
Dornröschen war in ihrem Traum an Geilarsch mehr interessiert als zu ihrem Traummann, - mit dem sie ja zusammen war, - oder nicht.
Und da die beiden gerade anfingen in diesem Häuschen zusammenzuleben, betrachtet er es als merkwürdige

Angelegenheit, dass sie nun auf einmal zu dieser Frau himmelte. Da war bestimmt eine Vorsichtsmaßnahme in ihr dessen sie sich nicht bewusst war, nicht zu sehr mit einem Mann zu sein, - Angst lag darunter.
Herr „Z" fing wieder an zu unterscheiden.
Er musste das tun, um nicht auf diese Ausnützebene zu verfallen die einen Menschen nur noch als Anhängsel sehen lassen, womit sich der andere dann aber schmückt: Schau, der läuft mir hinterher. Und da diese Frau Dornröschen innerlich schwach war, das wusste er, würde sie solchen dummen Gedanken leicht eine Beute sein, denn sie glaubte ihren Gedanken, - dieser Machtentfaltung. Insbesondere in Verbindung mit der Gehässigkeit von anderen. Sie gehörte zu den Frauen, die nicht sich selbst leben konnten, sondern eher wenn sie mit anderen war, alles mitmachte. Bloß wenn sie alleine war mit ihm, dann gab sie sich unterscheidend und für sich das Beste wollend. Aber Herr „Z" wusste, dass sie mit anderen ganz anders war. Da war sie eine Tratsche, die sich an Klatsch und an Gehässigkeiten hochzog.
Das ist alles ok, sagte er zu sich.
Jeder soll so sein wie's ihm gefällt.
Und so war er ja auch.
Aber nur durch klarer Unterscheidung konnte er seine Wesenhaftigkeit verstehen lernen und leben.
Liebe wollten sie natürlich alle.
Dann konnten sie später sagen, ach wie schön, ach das Leben ist doch fantastisch, - wenn auch nur für zwei Stunden. Aber wenn sie mit sich selber konfrontiert wurden, dann war's schlimmer, - deswegen der Tratsch, der Abfall.
Die Gehässigkeit der Meuten in denen die beiden verkehrten war enorm. Das Verbreiten von Privatangelegenheiten und das Darüber herziehen war auch enorm. Die größte

Kunst war die des gegenseitigen Schlecht-machens.
Herr „Z" wollte mit solchen Wesen nichts zu tun haben. Er würde lieber mit keinem Menschen mehr sprechen, anstatt sich dieser Meute zu offenbaren.
Wissen wurde bei denen nur dazu gebraucht, um andere damit in die Ecke zu treiben.
Und beide Frauen waren trotz ihres so emanzipiratorischen Gehabes die reinste Gesellschaftstretmühle, denn die Gesellschaft war in ihnen, - in ihren Gedanken, in ihren Motivationen. Das war die stärkste Motivation, wenn auch unbewusst, sie lebten größtenteils die akkumulierte Gesellschaft.
Die Geilarsch hatte schon Zigtausende dem Backwahn gegeben. Sie hatte eine frustrierte Ehe hinter sich mit Säufermann. War früh nach Poona gegangen und redete von den Kaiserlings in Poona und wie einer von ihnen dort verbrannt wurde. Die kaiserlingsalten Männer lagen meistens faul im Bett und lasen, so wurde es ihnen erzählt.
Einer dieser Kaiserlings war auch jetzt auf dieser Insel. Trotzdem, die Frauen machten einen Versuch etwas zu verändern. Aber es sah meistens so aus, dass nur versucht wurde wenn sie krank waren, wenn es ihnen schlecht ging, - und das ist einfach blöde. Wenn man gesund ist geht das Verändern doch viel leichter.
Herr „Z" fragte sich, ob er selber nicht einfach gegen die Geilarsch war, weil sie nun zusammen waren. Wäre die Geilarsch aber nicht Geilarsch gewesen, sondern eine andere Blume aus dem schönen Meer der Frauen, sähe die Situation völlig anders aus. Das wusste er.
Trotz allem, von der Geilarsch hatte er ein Gefühl der Lüge. Es ging um Macht, nicht um Harmonie. Das merkte er wenn er selber Macht machte. Wenn er bloß ein wenig Power zeigte. Natürlich hatte er selber Macht, das ist doch klar. Aber was so in solchen Situationen passiert

ist für die Beteiligten oft gar nicht zu merken, denn oft entwickeln sich dadurch Richtungen an die, die Denkerei der Möglichkeiten zur Manipulation nicht im entferntesten dran denken können. Hier braute sich nämlich ganz, ganz was anders zusammen, das auch Herr „Z" nicht wusste.
Diese Frau Dornröschen war etwas von dieser Macht der Geilarsch angezogen. Und da die Dornröschenfrau auch mal intensiv der Frauenbewegung in Berlin zugehörte und dementsprechende Radikale vertrat, war natürlich der Versuch sich mit einer Frau zu verbünden in ihrer Fantasiewelt größer.
Ha, gegen die Männer.
Natürlich wurde sowas nie zugegeben.
Aber Herr „Z" war ein aufmerksamer Zuhörer. Er hatte sehr große lange Ohren durch die Ruhe bekommen. Er konnte an manchen Tagen zwanzig bis dreißig Meter von Menschen entfernt sein, wo sie meinten niemand kann ihnen zuhören, aber er konnte sein Gehör, die Hörenergie so kristallisieren, so auf eine Richtung, so auf die andere Tonquelle fixieren, dass er sehr gut verstehen konnte was dort gesagt wurde.
Und so erfuhr er, dass die Frauen, wenn die Situationen dafür reif waren, bedenkenlos gegen ihn waren, - nur einfach aus der Blindheit ihrer verbundenen Macht. Er erfuhr auch, dass die Frau sich damit brüstete indem sie in allen Einzelheiten ihr Liebesspiel erzählte. Und nicht nur das. Die Frau fing sogar an in dieser Tratschrunde zu erzählen, dass Herr „Z" sogar von ihr abhängig war, dass er sozusagen wegen ihr unfrei wurde. Sie rühmte sich damit, - gegen ihn. Eindeutig, die Frau war der ignoranten Ebene zum Opfer gefallen, sie wusste nicht was gut für sie war.
Das Nichtlügnerische war endgültig vorbei.
Herr „Z" wurde sehr wach. Er fing sofort an sich innerlich von diesen Menschen zu entfernen. Wer nicht für ihn

war den brauchte er nicht. Er brauchte keine Freilassung dieser Energien, um dann von sich sagen zu können: Mensch, das war wieder Leben in der Bude oder so etwas, ahh, endlich Saft und Kraft. Das brauchte er nicht. Er war kreativ - und zwar lebensfördernd.
Dieses dumme Gehacke der Kleingeister, die erst noch versuchten sich mit klein wenig Kraft aufzuladen - und dann noch mit gehässiger, das war so weit von ihm entfernt.
Natürlich würde die Frau nun langsam aus seinem Energiekreis entlassen werden. Sie würde, ohne das sie es merken würde, nicht mehr unter die schützenden Kräfte von ihm kommen.
So ist das Leben. Wer's nicht weiß, dass der Umgang dich formt, der muss es noch lernen.
Trotzdem, die beiden lebten noch in diesem Häuschen.
Für die Dornröschenfrau war's als ob der Sommer jetzt erst beginnen würde, obschon für Herrn „Z" schon längst der Weg zu sich selber geebnet wurde.
Und es war unmöglich darüber zu reden.
Das war ein Naturgesetz.
Es ist unmöglich darüber zu reden. Weshalb, warum und so weiter, das gab's einfach nicht. Die Energie lebte sich selber. Alle anderen mentalen Versuche waren gegen die Lebensenergie machtlos.
So war's bei den beiden.
Und so wurde Herr „Z" stumm.
Er wurde still und rund und sehr leise.
Er wurde eigentlich unsichtbar.
Obwohl jetzt sein Haar schön blond wurde und glänzte.
Obwohl seine körperlichen Konturen rund, weich und graziös wurden.
Natürlich war dieser Effekt ein Schwung gegen seinen Schwung. Die Kraft wurde verinnerlicht und er gab wenig

an die Frau ab.
Nun wurde er autogener Selbstlieber. Herr „Z" wurde zum Selbstlieber.
Er würde seinen Samen vertrocknen lassen, er würde selber fruchtig bleiben.
Ansonsten waren aber keine Streitigkeiten zu sehen. Die Frau war mehr depressiv als glücklich. Man musste sie immer zu...
Wenn er's aber tat, dann nörgelte sie. Sie konnte ganz einfach nicht mit sich selber klar kommen.
Er ja. Er war mit sich sehr klar - und nun noch das Delga-dogeschäft, -ja, die beiden würden die Testpersonen werden.
Er wusste natürlich das die beiden Frauen auf sexuelle Spiele bestimmt reagieren würden, insbesondere schon deswegen weil die Gier ihr hauptsächlichster Unterdrücker war.
Man brauchte ihnen bloß die richtigen Umstände zu servieren und schon würden sie ihre Höschen von selber runter reißen. Natürlich ist immer das richtige Timing gebraucht.
Herr „Z" machte sie also schon mal lauwarm.
Mhhm, ihr seht ja heute so schön aus, rief er aus.
Doch die beiden Frauen schauten sich nur an.
Da gefielen ihnen die beiden Kätzchen wohl viel besser als dieser dröseldöbel Herr „Z".
Aber an Tod glauben die meisten doch mehr als an's ewige Leben.
Tja, der Tag war aber fein.
Die beiden Frauen taten sicherlich irgendwie irgendwo ihr Bestes, - das tun auch Ganoven. Ihm wurde dann mitgeteilt, dass in einer Woche ein Essen ist, denn die Geilarsch hat Geburtstag und Herr „Z" war auch eingeladen.
Tja und da war das ganze schöne Dilemma des schönen

Lebens. Er wurde eingeladen, er sollte das essen was sie bezahlt, er sollte da sein, ob Freund, ob Feind. Das war's nun.
Ach, diese ganzen Kramscheißereien unter den Menschen.
Herr „Z" lächelte vor sich hin.
Dann ging er hinters Haus zum Garten, den er dort angesät hatte, - Radieschen, verschiedene Salate, Zwiebeln, Knoblauch, Sonnenblumen, Gladiolen, verschiedene Gewürze, Paprika, Tomaten,
Für ihn war das Leben fantastisch, aber er konnte es nicht leiden wenn die Frau so schlecht über ihn redete.
Für ihn war's längst vorbei.
Am liebsten würde er jetzt seine Gitarre spielen, irgendwo dort oben auf dem Berg.
Als er merkte, dass er in diese Möchtegern-Ebene fiel, wachte er sofort auf.
Er wollte dann die Pflanzen gießen. Dazu brauchte er den hellblauen Plastikeimer, um das Wasser aus dem Wasserbecken zu holen. Zu seiner freudigen Überraschung sah er, dass eine große Eidechse im Eimer war und nicht heraus konnte. Sofort holte er die Kamera und machte Fotos,
- für die Zukunft
für die Zukunft
die Zukunft
Zukunft
Zu
kunft
zu
Die Echse sah verstört aus, gar nicht so belebt wie vorher. Sie musste wohl denken, dass irgendwas nicht in Ordnung ist.
Herr „Z" schaute und lachte.
Na Gott, wie geht's denn so, fragte er.

Doch die Echse bewegte sich nicht.
Na Gott, alles klar, fragte er nochmal.
Doch Gott, die Echse regte sich nicht.
Diese Echsen waren zu Dutzenden zwischen den Mauern am Leben.
Ihm gefiel das Leben hier sehr, sehr gut.
Und diese blöde Frau musste sich der niederen Ebenen hingeben. Konnte die denn nicht sehen, dass die Geilarsch eine Seuche war.
Es gab auch Menschen mit denen er gerne zusammen war. Es gab sie auch, aber Herr „Z" war zu introvertiert. Aber es gab diese Menschen, die auch irgendwo waren und lebten.
Herr „Z" ließ die Echse wieder laufen.
Auf dem Weg zum Wasserbecken kam er an dem alten Holztor vorbei. Er liebte diese Art der Holztore. Diese Tore waren eindeutig das Zeichen für Angstlosigkeit, für Sicherheit und für den Baum. Der Baum war ein enormes Wesen, man konnte ihn gar nicht genug schätzen. Angstlos wegen der vielen Freiheit dieses Zaunes, es war kein Neunzig-Zentimeter-Titaniumsafe, obwohl das ganze Gold und Geld hier aus dieser Erde kam, aus diesen Pflanzen, aus dieser Sonnenenergie. Aus diesen Holzlatten. Lass es laufen, lass es laufen, riefen die Raben in der Luft zu ihm als sie sahen wie er wieder fixiert wurde. Und das tat er dann auch.
Am Becken waren die brillianten Killer, genannt Libellen, sich am sublimieren. Sie häuteten sich selbst. Sie verwandelten sich selbst.
Es wäre prima wenn der Mensch sowas auch täten tun täte.
Auf dem Rückweg standen dann die Lilien auf dem Felde zwischen den Gräsern, den Blumen.
Wenn er diese Lilien sah musste er an die Worte von Je-

sus denken: Seht die Lilien auf dem Felde, sie tun keinen Handschlag und doch sind sie wunderschön.
Aber eines war klar, auch wenn als poetischer Metapher gedacht.
Es war keine Lilie auf dem Felde, er war Mensch.
Er könnte ja mal wie eine Lilie auf dem Felde leben, von Erde, Mineralien, unbeweglich, still stehen.
Er würde verhungern.
Er würde ins Reich des ewigen Lebens treten, das welches auch Buddha, Yoga oder Gott selber impliziert.
Nein, er musste lebendiger werden bevor er nur Blume wurde. Und ein riesiger rebelliöser Egoschrei erschien Herrn „Z", er fing an zu schreien, zu wüten und zu toben.
Er schmiss den Eimer in das Schilf, zertrat den Wiesengrund und nahm einen großen Stock in die Hand, damit zerschlug er die Illusion um sich herum.
Er zerschlug die Träumerei, und er zerschlug die Nichtshaftigkeit um ihn herum.
Leider.
Obwohl die gar nichts dafür konnten.
Er zerschlug zum allerletzten mal die Illusion in ihm selber. Die beiden Frauen hatten davon gar nichts mitbekommen. Herr „Z" war endgültig fertig mit diesen Menschen, die sich Frauen nannten.
Als er in ihre Nähe kam zuckten die Frauen zusammen. Sie konnten ihn nicht anschauen.
Herr „Z" wusste, dass er auf dem richtigen Weg war. Ihm fiel auf, dass sein Körper eine unwahrscheinliche Hitze abgab seit dem er diesen Ausbruch hatte. Als ob er innerlich verbrennen würde.
Er kannte diese Symptome aber zu gut und er fing an, sich richtig einzuheizen, er fing an, sich richtig heiß zu machen. Seine Körpertemperatur stieg und er fing an ein enormes Feuer in sich zu entfachen, um all den Abfall in

ihm zu verbrennen. Denn Herr „Z" hatte die Fähigkeit seine Körpertemperatur zu erhöhen. Das hatte er bloß nicht gebraucht. Und nun war es wieder da, -die Hitze in ihm.
Hitze ist die Grundlage für alle Arten von Reinigung, durch Verbrennung wird alles hygienisch lebhaft und wieder frisch.
Er wollte sich selbst verbrennen.
Er wollte den Gestank, den er durch die Frau angesammelt hatte, wieder los werden.
Aber sie, sie brauchte davon gar nichts zu wissen. Denn Herr „Z" hatte sich vorgenommmen ihr kein Wissen mehr zukommen zu lassen.
Sie würde ihn nur noch benutzen.
Was sollst du sonst noch mit Inferioritäten machen. Als er vom Bewässern zurückkam, schüttet er sich erst mal ein großes Glas von diesem süffigen Wein ein.
Ein Schluck, weg war's.
Dann ging er zum Kassettenradio und legte ZZ-Top's Degüello auf. A fool for your Stockings ließ er laut spielen.
Doch schon nach ganz kurzer Zeit gefiel ihm der ganze innere Dummensalat gar nicht mehr und er schaltete wieder ab, um sein genüsslich ruhiges Leben weiter zu leben. Er würde singen.
Als er so sang, hin- und herging um die Pflanzen zu gießen. Die Frauen waren natürlich entzückt. Frauen lieben Sänger, sie werden dann ganz gefühlvoll. Natürlich kommt's immer auf die Art der Gefühle an, mit denen gesungen wurde. Gesang hatte aber auch eine schöne Wirkung auf Herrn „Z".
Das mit dem ewigen Fertigsein mit den Frauen, das war schon wieder vorüber, das war nur im Affekt gesagt worden. Trotzdem, von dieser Frau entfernte er sich. Nach außen würde alles so aussehen als ob alles beim alten wäre, doch innerlich zurück zum Weg des Nichtseins.

Oder vorwärts zum Weg des Nichtseins.
Ja, es ist bestimmt vorwärts.
Morgen kommen Helmut und Beate, meinte Dornröschen dann zu ihm.
Na und, erwiderte er. Das ist doch keine Krankheit, oder...
Die Frau schaute ihn erstaunt an...
Ich werde den Bus hier in diesen Feldweg stellen, dann können sie dort schlafen, denn das Haus ist ja für vier Personen zu klein...
Sag mal, wollen wir heute nicht mal schwimmen gehen, der Tag ist doch schon so angeheizt, rief die Rosenfrau. Jeder der drei war sofort damit beschäftigt nochmal die Hitze zu inspizieren. Sie wurde für badefähig gehalten und so packten sie ihre Sachen zusammen, um einen schönen Spaziergang, hinunter Richtung Osten, zum Meer des Bewusstseins zu machen. Geilarsch nahm ihr Fahrrad mit, da sie auf dem Rückweg noch mal ins Dorf wollte.
Nun, dieser Spaziergang ist wahrlich ein Gang durch den Garten, dem Paradies, denn aber auch überall war die Natur so wahnsinnig normal mit Blühen explodiert. Die kleinen schmalen Sandwege, wo nur eine Person langgehen konnte, waren eingesäumt in Lilien, rotem Mohn, grünen Gräsern und sehr, sehr vielen Margeriten.
Manch mal waren riesige Margeritenfelder frei am Wachsen, Wildblumen voller Duft, voller Gesumme. Auf den Feldern war der Wein kräftig am Ranken.
Vereinzelte weiße alte Gehöfte lagen in gutem Abstand an kleinen Berghängen oder einfach auf dem Flachland. Hier und da wurden sie von den kleinen Hunden angebellt. Viele der Wege waren mit blühenden Agaven bestückt. Dornröschen hatte die beiden Kätzchen mitgenommen, sie wurden in der Strohtasche getragen. Ihre Köpfchen schauten über den Rand der Tasche. Und sie

waren genauso erstaunt über die Umgebung wie die drei Menschen auch.

Also, was die Menschen sich so in ihren Städten zusammengebraut haben, die müssen doch völlig verblödet gewesen sein, dass sie das hier dem Beton und stinkenden Asphalt vorzogen, - damals als es für sie begann.

Da nun die Geilarsch dabei war als Sanyassin, wurde noch mehr von Backwahn geredet.

Herr „Z" hatte schon einige Bücher von ihm gelesen und er hielt Backwahn für einen großen mystischen Genius. Das gefiel der Geilarsch natürlich sehr, da ja die Sanyassins immer daran interessiert sind jemanden um sich zu haben, der eben so wie sie denkt, ist, sich entwickelt. Wogegen ein Mensch, sagen wir in der Stadt, könnte man annehmen, eigentlich mehr gleichgültiger dabei ist wen er in seiner Nähe hat.

Dann wiederum gibts wohl Nichtsanyassins, die aber nicht so denken und fühlen.

Jedenfalls machte Herr „Z" sich einen Spaß daraus der Geilarsch dann das, was ihr Meister gesagt hat, immer vorzuhalten. Sozusagen als Belehrung, was der Backwahn ja kontinuierlich tut. Natürlich, auch wenn's das Gleiche war was Backwahn gesagt hatte, war's aus dem Mund von Herrn „Z" nicht so akzeptabel, - welches letztendlich also wieder Schwachsinn wird. Jedenfalls war den Dreien völlig klar, dass nur durch eine bewusste willentliche Kraft der Veränderung sich die Menschen zu ihren Fantasien gleichstellen können, ansonsten bleibt alles nur leeres Gerede und Schufterei in Büros, Fabriken oder Universitäten. Was Herrn „Z" insbesondere aufgefallen war, war diese Rotzigkeit wie sie aber auch andererseits gegen Backwahn wetterten, - die Sanyassins. Herr „Z" war darüber sehr erstaunt. Der redet zu viel, der kann mich mal und andere Albernheiten, obwohl sie aber die Robe

trugen mit der Mandala. Es sah so aus als ob viele der Sanyassins eigentlich nur dieses Ornament brauchten, damit sie sagen konnten, ich gehöre dazu, er der große Meister ist auch mein Meister.
Backwahn schwieg zu der Zeit noch.
Später würde er ja in einem Interview sagen, dass Schweigen hatte den Sinn diejenigen loszuwerden die gar nicht wirklich zu ihm gehörten.
Trotzdem waren sie in Backwahn verliebt. Die Geilarsch hatte während sie ihre Ehe Kriese mit dem Säufermann hatte, Scheidung etc., einmal sein Bild in der Zeitung gesehen und entschied sich daraufhin ihn sofort in Poona zu besuchen. Sie nahm ihre junge Tochter mit und blieb gleich mehrere Jahre dort. Die Tochter machte keine Schule mit, sondern ging dort in Backwahns Schulen, die wohl letztendlich schöner sind als die Normschulen, - ist doch wohl klar.
Herr „Z" war einer der seit Jahren schon eine Unmenge Bücher las und wusste wovon Backwahn redete. Er hatte die alten Lehren gelesen, die neuen auch, die großen Schreiber und die kleinen, die Wissenschaftler und die Poeten. Und sogar die besten Kochbücher, was letztendlich sich als direkteste Lebenskunst erwies, schönes, schmackhaftes Kochen.
Aber all das Lesen war innerlich an Herrn „Z" nicht einfach so ins Abseits gefallen, es hatte ihn innerlich aufgerührt und er selber fing an mehr in sich zu suchen. Er wollte wissen ob das, wovon die Lehren sprechen, auch wirklich stimmt.
Yoga oder Meditation oder autogenes Training oder Akupunktur, Heilpraktiken oder allophatische Methoden, psychologische Wege oder eben alles was die Menschen so zusammengearbeitet hatten.
Schließlich gehörte der Schatz der Menschen ja auch zu

ihm. Er war ja selber Teil des Schatzes. Er war ja selber Teil des Schatzes.
Er war autosexuell.
Er wusste mittlerweile, das was im Yoga passiert absolute Wahrheit ist. Ja, absolute Wahrheit. Und durch eigene Erkenntnis war ihm schon aufgefallen, dass der innere Mensch besondere Fähigkeiten hatte, die aber irgendwie verloren gegangen waren oder wer weiß was genau passiert war. Jedenfalls war er davon beseelt,
Dass die Menschen in eine immer freier werdende Freiheit sich hinzu bewegten. Und der Mensch sich innerliche neue Organe züchten konnte, was später im Yoga erwähnt wird.
Bloß eines störte in sehr: Das wie der Swami Narayanananda eben erwähnt hatte, dass wenn der Normalsterbliche Samadhi, den höchsten Zustand, erreicht hatte, er für einundzwanzig Tage in dem bleiben würde und er dann den toten Körper zurücklassen würde und nur die Meister oder Heiligen, die Vollkommenen auf mysteriöse Weise zurückkommen, um auf der Erde ihre guten Taten zu vollbringen.
Das war sehr merkwürdig das zu lesen.
Nunja, dachte er zuerst, wenn man also sowieso den höchsten Bewusstseinszustand, das Bewusstsein selber dann ist, dann brauchte er, Herr „Z", doch gar keine Bedenken deswegen zu haben.
Hier konnte gesehen werden, dass er eben doch lieber lange leben wollte als früh erleuchtet zu werden und dann Gott zu werden oder nichts oder welch auch immer der Zustand ist. Dann fiel ihm aber wiederum ein, dass wenn er also das wird was er sowieso schon immer ist, war und bleibt, warum dann frühzeitig diese Schönheit hier verlassen. Mit anderen Worten, diejenigen die unglücklich mit sich sind und wieder zum Ursprünglichen zurückkommen

wollen, die müssen dann solche Praktiken machen wie sie der Yoga vorschreibt. Jene aber, die selbst glücklich sind, denen geht es gut, die brauchen das gar nicht. So war es jedenfalls für ihn. Und wenn er sterben würde, so würde er gerne sterben. Er wüsste das er in die Einheit kehren würde. Natürlich versuchte das Ego manchmal Kuddelmuddel zu machen, aber wenn er mit sich im Reinen war, wenn er ausgeruht war, sich von der industriellen Arbeiterei, dem ganzen Gewühle der Monotonie und der Zeithetze, der kleinen Zeit nicht beeinflussen ließ, dann konnte auch das Ego kein Mucks mehr sagen, weil er es immer im Auge hatte wenn es zu Rumoren anfing.
Das war das Ruhige, Wache in ihm.
Das war angeboren.
Aus seiner Sicht hatte jeder Mensch das.
Bloß die meisten Menschen glauben ihrem Ego mehr als sich selber. Ist es nicht so. Seit mal ganz ehrlich mit euch. Ihm war zum Beispiel völlig klar was der Laotse meinte wenn er schrieb:
Wer nach Wissen sucht, weiß mit jedem Tag mehr, wer den Weg sucht, tut mit jedem Tag mehr,
(das gefiel ihm besonders gut)
weniger, immer weniger ist zu tun,
bis man beim Nichtstun ankommt,
ist man beim Nichtstun angekommen
bleibt nichts ungetan,
(absolute Logik)
wer die Welt gewinnen will,
mischt sich nicht in die Dinge ein,
wer sich in die Dinge einmischt,
ist der Aufgabe die Welt zu gewinnen,
nicht gewachsen.
(Absolut klar, da es ja unmöglich ist sogar ein Land zu gewinnen, stelle man sich mal vor wie groß die Welt ist.)

Sie kamen nun an der knorrigen Gestalt des Baumes vorbei, der durch Winde verbogen wild und zäh geworden ist. Der Baum stand unmittelbar an der Kliffkante zum Meer. Im Baum ruhten sich sehr oft, sehr gerne verschiedene Falken aus.
Hier am Baum machten sie eine kleine Rast, um übers Meer zu schauen, denn hier war immer etwas neues zu sehen weil da hinten, irgendwo am Horizont, das Unbekannte zu sehen war, da ging es zum Neuen, zum Wachsen, zum Verändern. Alle Drei wussten, lebten aber nicht kontinuierlich danach, nämlich, das Wachstum nur dann möglich ist wenn man sich andauernd dem neuen Unbekannten offenhält.
Er hält sich schon andauernd dem Neuen offen. Trotzdem, irgendwie unbewusst versuchte aber irgendwas in ihm eine Art von gleichmäßigem Trott zu entwickeln.
Irgendwie wollte das was in ihm diese sichere Ebene hat so eine Art von Regelmäßigkeit.
Aber das war gegen seinen Unternehmungsgeist, seinen Spaß am Reisen, Dazulernen, sich ins Abenteuer zu stürzen. Er konnte sich einfach nicht vorstellen, dass die Routine ganz einfach das Höchste im Leben sein soll. Das diese ganze Massenhaftigkeit im Leben eben geboren wird, - Jugend, Beruf, Heiraten, Kinder, finanzielle Sicherheit, Sparkonto, Auto, Häuschen, dass das, das Beste sein sollte. Aber vielleicht spielte da was in ihm einen Streich gegen ihn.
Trotzdem, auch die beiden Frauen wollten das Neue, das Frische. Natürlich war es für die beiden ganz was anderes als für ihn.
Deswegen wollte er dann auch mit Dornröschen, wenn sie schon so unzufrieden mit sich selber und mit ihm ist, nicht mehr weitermachen. Fünf Jahre zusammen, ok, gut. Da war wohl zu viel an Wünschen in der Frau hoch-

gestiegen. Möglicherweise war Herr „Z" gar nicht der Typ mit dem sie wirklich sein wollte. Sie sah sich ja manchmal als Rockstar, Patti Smith imponierte ihr. Nähen konnte sie auch sehr gut, da passte der Rock-Star am ehesten zu ihr. Sie hatte auch die Tendenz sich von ihren Wünschen, Fantasien so mitreißen zu lassen, dass sie oft nur dasaß, um sie herum das feinste an Umgebung, aber in ihr war alles meist dunkel, schwer und unzufrieden.
Herr „Z" hatte das oft gesehen.
Ihr Ego hatte den Hang zum Bösen. Und dabei war sie so ein schmales Häufchen Körper.
Also, sie war völlig unrealistisch, - sogar mit sich selber. Herr „Z" könnte sie wegpusten wenn's drauf ankäme. Die war zu oft Größenwahnsinnig.
Er hatte es damals in Bayern auf der Reise zur Fraueninsel sehr gut erlebt. Da rannte die Fantasie mit ihr durch Ber-serko. Sie stellte sich vor, dass sie nun auf einmal berühmt werden müsste. Alles was danach kam war ein einziger Ausbruch von totaler Unzufriedenheit.
Natürlich verpestete sie die Umgebung genügend damit. Als er sie jetzt so da sitzend betrachtete, in dieser schönen Umgebung, da fiel ihm sogar ein das sie, wenn er sich in seine Glücklichkeit hineinsteigerte, wenn er sich der Musik hingab, zu singen anfing, auch zu schreien und wenn er Kraft entwickelte, all zu oft von ihr zu hören bekam, dass er vorsichtig sein sollte, ja nicht nur das. Wenn er in seiner entspannten schönen Glücklichkeit war, sie ihn dann sah, sie gegen ihn war, ihm nicht gönnte, dass er glücklich war.
Was ist das. Ist das ein Freund, ein Liebhaber, ein Wesen das nur das Beste für ihn wollte.
Niemals.
Herr „Z" war nun noch froher. Von so einer kaputten, intrigenhaften, größenwahnsinnigen Skelettfrau sich entfernt

zu haben. Die ganzen Tage alleine im Haus war er sehr mit sich zufrieden.
Nun ist sie hier. Ist er auch mit sich zufrieden, er sah sie aber nun mit den Augen der Benutzung an.
Ja, sie wäre gut für die Delgadotestung.
Er schmunzelte vor sich hin.
Er wurde wieder unwahrscheinlich glücklich.
Herr „Z" hatte die Tendenz manchmal so glücklich zu werden, dass er davon wie betrunken war, er taumelte dann, konnte gar nicht richtig gehen.
Die Andern dachten dann er wäre am Stottern oder er wäre dann nicht kommunizierfreundlich.
Bloß eines wussten sie nie, dass er dann einfach so etwas wie berauscht war. Und diese Glücklichkeit provozierte dann seine sogenannten Freunde.
Manchmal war jemand dabei, der dann wirklich sehen konnte, der hakte sich dann an diese Freude an, anstatt dagegen zu kämpfen, aber das mehr als selten, das war schon so als ob man eine neue Kreatur finden würde.
Wenn er dann so wahnsinnig glücklich war, dann war ihm, wenn er in der Wohnung war, die Wohnung zu eng begrenzend. Er fing dann an die Wände weg zu schreien. Die Mauern wegzusingen, die Begrenzung wegzutanzen.
Aber mit anderen glücklich sein, das war äußerst selten. Es gab zu viele die einem immerzu Knüppel zwischen die Beine werfen wollten, - andauernd sollte man aufpassen.
Bloß wenn Dornröschen selber in Stimmung war dann war's natürlich schon etwas anderes, dann war's sozusagen erlaubt.
Was hatte er da eigentlich für einen Krüppel um sich herum. Trotz allem, da er ja selber Mensch war, wusste er welche schlimmen Egokämpfe sie in sich auszutragen hatte. Trotz allem, er würde sie stehen lassen. Ja, er wür-

de ihr noch nicht einmal sagen, dass er nicht mehr zu Ihr zurückkommen würde. Er würde so sein wie am Anfang, da kannte man sich auch nicht, hatte von der Existenz des Andern nicht gewusst, - auf einmal traf man sich, -nun genau das Gegenteil dazu, - auf einmal trennt man sich - perfekt. Tja, Herr „Z" liebte die Überraschungen, einfach perfekt.
Diese Verbindung zu dieser Frau Geilarsch hatte das Schlechte in ihr wieder aufgerüttelt.
Wenn man Schweinen den Freilauf lässt treiben sie sich herum und wühlen andauernd in der Kacke rum. Nun ja, sie war ein Schwein, aber möglicherweise in einer ihrer vorherigen Geburten war sie mit Liebe eines gewesen. Als sie da so unter dem Baum lagen, die Falken über die Felder fliegend nach Heuschrecken suchten und die Sonne als weißer Punkt im Tiefblauen lag, da wurde Herr „Z" auf einmal richtig wild. Er hatte die Nase bis zu den inneren Ohren voll.
Ohhh, Befriedigung.
Was, rief die Frau. Herr"Z" sprang auf und fing an zu tanzen, dagegen war Zorba ein zahnloser Esel. Er fing an zu tanzen und sang I cant get no Satisfaction. Diese Show riss er nun bewusst ab. Die Frauen wollten doch immer den großen Fick haben. Sie wollten doch den Ekstase-Realismus. Sie wollten doch die unwiderstehliche Gier die ihnen die Zähne zum Wackeln brachte, die ihre Brüste hellblau zum Glühen rief ohne auch nur mit der Wimper ihrer Schamhaare zu zucken.
Und als Herr „Z" so in die Unbefriedigtheit hinein tanzte da wurde er auf einmal selbst ein freier Wilder, er tanzte sich die Freiheit an. Die Frauen saßen aber nur da und konnten nicht aus ihrer Haut heraus. Und während die Falken ihre Sturzflüge machten, die Wellen sich an den Felsen die Zähne ausstießen, die Hitze übers Feld flim-

merte, tanzte und sang Herr „Z" wie ein wild gewordener, eindeutig Verrückter, ignoranter, - in den Augen anderer.
Er tanzte solange bis er innerlich völlig zentriert war. In dem Moment war er absolut ruhig, - der ganze Industrie-GenSchlamassel war auf einmal weg. Auf die Frauen hatte das natürlich keine Wirkung, aber für ihn war's einfach fantastisch.
Trotz allem staunte er wieder über seine Freiheitsausbrüche wenn er mit den Frauen war. Er hatte während des Tanzens auch schon eine fantastische Idee wie er der delgadischen Idee realistische Dimensionen beibringen würde.
Sei andauernd bereit deine Einstellung zu ändern, sei andauernd fertig deine Einstellung zu ändern, sei andauernd fertig-wach deine Einstellung zu ändern,denn das Leben richtet sich nicht nach deinen Ideologien, denn das Leben richtet sich nicht nach deinen Ideologien,
Ja das ist er, sagte Dornröschen etwas empört zur Geilarsch. Und da Geilarsch gerne hetzte, gerne Streit hatte, schloss sie sich der Einstellung Dornröschens an.
Und so gingen die Tage dahin wenn Herr „Z" mit denen nun zusammen war.
Er würde des öfteren in ekstatische Zuckungen verfallen. Wohl die ersten Anzeichen von Irre auch bei ihm. Möglicherweise würde er dem Dorfirren bald in nichts mehr nachstehen. Aber er hatte ja schon seine Schirm.
Als sie dann nun am Dünenstrand angekommen waren zogen sie sich alle drei nackt aus, legten ihre Tücher auf die Sonnenseite der feinsandigen Dünen und machten einen Spurt um ins Wasser zu kommen, das für Herrn „Z" das Meer des Bewusstseins war, ebenso wie Steine oder Äther oder das große Nichts, ebenso wie alles andere Getier oder Pflanzen oder Feuer, - für ihn wurde im Laufe der Zeit alles zum Meer des Bewusstseins. Und das Meer

des Bewusstseins war schon auf circa 20 Grad erwärmt, brrrrrhhh - aber gut.
Herr „Z" hatte seine Schnorchelsachen mitgenommen um dort unten mal zu sehen was in so einem Meer des Bewusstseins denn alles zu sehen ist. Aber der Fischreichtum gegenüber der Karibik ist mehr als erbärmlich. Da die Inselfischer über Jahrzehnte mit Dynamit gefischt hatten, jetzt kaum noch, wurde alles sehr schön dem Nichts angeglichen, sämtliche Brut wurde gleich mit zerstört und Fische waren enorm teuer auf diesen Inseln.
Die Frauen jauchzten, die Sonne lächelte, die Wellen waren noch Babys, die Steine rund, die Schönheit hatte Ecken. Und auf den heißen Dünen da wurde dann ganz entspannt gesonnt, gedöst, geredet.
Natürlich, meistens ging's um Backwahn.
Herr „Z" meinte das Backwahn genauso ein Ego hat wie jeder andere auch, bloß das seins umfangreicher, größer, viel, viel, viel größer ist, - er hat eben das mystische Ego.
Die Frauen stimmten zu.
Die Polemik Backwahns wird ja auch selten berührt. Die Jünger hören immer zu. Die Journalisten sind sowieso niveaulose Neugierfreaks, bei denen sind selten welche mit Charakter. Sie alle haben die gesellschaftlichen Lebensformen angezogen, sie alle wettern gegen ihre Verleger die das große Geld machen.
Das passte der Frau Dornröschen nicht so in die vorgefertigte Denkschematik, sie wurde etwas nörgelig, denn sie hatte oft eine engere Egohaftigkeit. Und manchmal auch das total Blöde an sich, eben einfach nur dagegen zu sein, egal warum.
Der Backwahn würde doch ganz gerne die Erde regieren, sagte Herr „Z". Warum auch nicht, erwiderte die Geilarsch, wenn er regiert werden bestimmt keine lebenska-

puttmachenden Systeme gezüchtet. Der Backwahn sieht Zusammenhänge und er weiß von der Existenz, wogegen die Politiker noch nicht einmal wissen was Realität ist, ob zwar sie behaupten Realisten zu sein. Ja, du hast recht, meinte Herr „Z", die Politiker-Berufe, sie kratzen einer ganz ganz dünnen Schicht des Lebens erst die Dreckkruste weg. Trotzdem sagt der Backwahn auch viel Blödes. Aber das macht ihm nicht viel aus, das gehört zum Sein, wenn man ihn daraufhin fragen würde, zum Spaß, zur Freude. Bloß genauso können die Politiker antworten.
Und was ist mit den ganzen Jokes die er bringt. Viele davon sind auch nur Schadenfreude, - zu oft habe ich auch bei den Videos diese Schadenfreude an ihm gesehen. Der Backwahn ist in dieser Richtung eben auch nicht besser als viele andere. Er hat bloß ein größeres, tieferes, freieres Repertoire von Erkenntnissen, Wissen, Lehren und Freiheiten in sich geschaffen.
Und das ist eben prima, meinte Herr „Z" nochmal.
Also, was mir an Backwahn gefällt ist die Kommune um ihn, dass sich Menschen um ihn scharen, sagte Dornröschen. (Dornröschen wollte Monate später selber Sanyassin werden, jetzt wusste sie noch nichts davon.)
Ja, du hast ja sowieso den Hang zu Kommunen, sagte Herr „Z", einerseits willst du die große Künstlerin sein die allein ihre Werke lebt, andererseits bist du aber fast unfähig alleine zu leben, jedenfalls länger, bei dir ist sehr viel Chaos mensch, antwortet Herr „Z" ihr.
Ach übrigens, sagte die Geilarsch, der Backwahn muss auf die Methoden, Seinsweisen, die gesellschaftlichen Nuancen kommen damit er gegen sie gewappnet ist, er muss genauso giftig sein können wie die Andern gegen ihn sind, er muss das, denn da sind so viele Kaputte die ihn absolut nicht verstehen, die müssen dann genauso behandelt werden, - ihr wisst doch selber wie das ist.

Wenn du zwar nett und freundlich zu Menschen bist so sind die allermeisten dennoch unfähig genauso zu dir zu sein. Und wenn du erst einmal anfängst solide Weisheit zu sagen, bessere Gedankengänge zu produzieren, tiefere Erkenntnisse zu haben, viel größere Synthesen zu entwikkeln, mehr Freiheit zu sprechen, mehr Wahrheit zu sagen, mehr Lüge, Heuchelei, mehr Korruption, mehr Falschheit, mehr Kaputtheit zu veröffentlichen, so ist das mehr als ein Dorn im Auge vieler. Das ist Krieg, das ist Bedrohung, denn viele, die meisten können gar nicht mehr wachsen, mehr blühen, mehr frei sein. Sie sind zu gefangen und wir brauchen keinen toten Jesus, keinen Gekreuzigten der dann angebetet wird, wir brauchen nicht so einen Schrott. Aber so sind viele, erst wenn man ihren Schrott akzeptiert, möglicherweise selber so wie sie wird, dann sind sie dir freundlich zugeneigt.
Jaja, verstehe, meinte Herr „Z", das ist mir auch schon sehr aufgefallen, das ist ungefähr so wo ich feststellen musste das die sogenannten Freunde, die seit Jahrzehnten versuchten ihn andauernd zu verändern, sie konnten mich einfach nicht zufrieden lassen, so wenig Respekt hatten die vor einen, so wenig sahen die mich als Mensch, natürlich ein Zeichen das sie sich auch nicht respektierten.
Wenn man dann darauf hinwies das er sein Leben so und so lebt und nicht so wie sie's meinten, dann ging denen noch nicht mal ein Licht auf, - das Licht nämlich das er autonom ist, dass er das was er machen will auch soll. Aber nein, die anderen hatten es schon so zur Gewohnheit werden lassen dazwischenzureden, als ob sie ein Recht dazu hätten. Es ist zu einem kontinuierlichen Reagieren geworden.
Das ist echt blöde.
Keine Distanz, keine Abwarterei.

Keine Erkennung das da jemand frei vor einem steht. Also ich finde sehr viele Gesellschafts-Angepasste ausgesprochen blöde...
Und so wurde ich dann auch, böse blöde.
Aber nur um sich zu retten, innerlich sah's ganz anders aus. Deswegen wohl auch viele die zu Backwahn gehen.
Während des Geredes der Drei lagen die beiden Kätzchen gemütlich in der Strohtasche und schauten sich die neue Umgebung ganz neugierig an oder sprangen manchmal gegenseitig ihre mächtigen verspielten Kämpfe freudig ab. Als Herr „Z" so auf die Katzen schaute fiel ihm ein, dass aber trotz der ganzen Transzendenz, der ganzen Bewusstseinsdaheit, der ganzen Samadhis oder der Erleuchtungen der verschiedenen Kraftzentren im Körper aber doch die Tierwelt, die Insektenwelt, die Viren der Seuchenwelt, die Sumpfwelt, die Giftwelt, Parasiten, Giftschlangen, Giftpflanzen, aus dieser Sicht heraus da sind,und so fragte Herr „Z" einfach mal was das soll.
Aber merkwürdig ist die ganze Suche nach dem absoluten Bewusstsein doch wenn man sich das ganze Giftige, das ganze Gefährliche anschaut. Dieser Gegensatz zum so beschriebenen wahnsinnig fantastischen des Göttlichen - und hier diese Kaputtmachereien in der Natur. Aber daran wollten die Frauen jetzt nicht denken. Sie zogen vor nun gemütlich dort im Sonnenlicht zu liegen, mitten unter Millionen anderer Sonnen, die zigtausendfach größer waren als der Stern der unsere Sonne ist. Und so bratete Herr „Z" wieder mal alleine in seinem ignoranten Herumdenken.
Nach einigen Stunden trennten sich dann die Drei. Geilarsch fuhr mit ihrem Rad einen anderen Weg zurück zum Dorf. Die beiden, die ja ein Liebespaar sein sollten, watschelten aber wieder bester Laune vorbei an überfließenden Blumenfeldern. Das ist hier so auf dieser Insel in

dieser Jahreszeit, bunt überfließend, bunt mit Blumen. Nachher im Juni, da ist's schon wieder braun, wüstengleicher, ausgetrocknet.

Herr „Z" war sich trotz der Abneigung, trotz des Vorgenommenen doch noch nicht so klar in der Durchführung seines Abtritts. Da war die Vergangenheit stark in ihm, da war zu viel Gemeinsames das Gewohnheit aufgebaut hatte, möglicherweise war da auch noch Zuneigung die auf Vertrauen aufbaute in ihm, - so eine Art illusionärer Hoffnung das dieses Dornröschen - aber nein, nein nein, es war die Zeit angebrochen das jeder mehr seine Wege geht. Der Gedanke das sie zusammenbleiben wollten, der war gar nicht aufgekommen.

Natürlich würde er ihr nichts davon erwähnen was er wusste. Warum extra Belastungen für sie schaffen, warum das Gehacke, warum, es geht auch feiner, - man lebt sich einfach körperlich auseinander. Aber schon merkte er wieder die erotische Anziehung als er daran dachte, - körperlich auseinanderleben.

Wieder am Haus angekommen kümmerte sich jeder um seine Sache, sie fing an irgendwas zu kochen. Herr „Z" zog sich andere Kleidung an, frisches Hemd, andere Hose und fuhr dann mit dem Rad ins Dorf. Dort kaufte er dann sechs Flaschen französischen Champus und dann fuhr er wieder lässig zurück zum Haus. Sie hatte inzwischen eine köstlich fein duftende TomatenNudelsuppe gekocht. Herr „Z" stellte die Flaschen in den tiefsten dunkelsten Teil des Hauses, dort war's schön kühl. Dann deckte er den Tisch. Doch jeder der beiden zog es dann vor einfach so auf der Mauer zu sitzen oder er auf der Schwelle vor der Tür.

Während sie nun so aßen, ab und zu einiges sagten, jeder aber mehr in das Essen vertieft war, ging die Sonne da hinten am Horizont unter, so wie die Kirche damals gewollt hatte weil die Experten ja wussten, dass die Erde sich um die Sonne nicht drehen kann, das ist unmöglich, das geht einfach nicht.

Herr „Z" hatte angefangen sich zu überlegen ob er Dornröschen denn nun wirklich als Testperson nehmen sollte... Aber da er ja nicht dem sogenannten demokratischen Prozess unterlag, eigene Verantwortung lebte, entschied er sich doch ziemlich schnell dafür.

Nach dem Essen hatten sie sich entschieden noch einen Spaziergang auf den kleinen Hügel zu machen. Von dort konnten sie wunderbar die Sonnenröte sehen, das darunterliegende Grüne von dort ebenso. Die Sonne war noch in ihrer dreifachen Größe über dem Horizont als sie dann auch schließlich auf dem Hügel ankamen.

Hier oben waren sie schön zusammen, - mit Allem, - nur sie - ganz alleine. Ausgeruht und voller Lebensenergie fing Herr „Z" an sich erotische Träume vorzustellen und sie auf die Frau zu projizieren.

Dornröschen grinste.

Sie war sehr für Erotik. Sie liebte Erotik. Sie liebte es wenn ihr Körper pulsierte und die Geilheit wilder wurde. Sie sprach sofort darauf an.

Herr „Z" hatte auch im Nu einen enormen Ständer der gut durch die blaue Satinhose zu sehen war. Hier oben gab's einen kleinen Fleck der etwa ein Dreimeterkreis ist und schön begrast ist, sogar einige Lilien wuchsen dort. Dort saßen sie und überschauten das Tal bis zum Horizont der immer noch die Sonne hatte.

Die beiden fingen an zu kichern.

Herr „Z" ließ seine Erotik frei laufen. Elektrische Energie floss zur Frau, die daraufhin gleich feuchte Lippen bekam. Sie hatte sofort ihren geilen Blick, beugte sich zu ihm und sie küssten sich. Dabei presste sie ihren Körper an seinen und fühlte den harten Ständer genussvoll aus. Sie rieb dann ihre schon sehr feuchte Möse an seinem harten

Ständer hin und her. Und schon fing sie an zu stöhnen.
In der Fantasie wurde alles noch etwas gesteigert bei ihr.
Beide fingen dann an sich stärker zu küssen bis sie anfingen sich zu belecken. Dann zog er ihr das kleine hellrote Höschen aus, - schwupp, ganz gekonnt, ganz harmonisch, ganz geschmeidig. Sie hatte auch schon seine Hose geöffnet und hatte den Ständer in der Hand, massierte ihn etwas da schon die durchsichtige Lubrikationsflüssigkeit aus ihm tropfte.
Sie spielte gerne mit dem Ständer. Er hatte seinen Finger an ihrer schön geformten Klitoris, - rieb sie sachte hoch und runter, von links nach rechts, direkt auf der Spitze etwas vorsichtiger. Sie beugte sich dann zu seinem enormen Ständer und nahm ihn einmal voll in den Mund, spielte mit der Zunge auf ihm und gab etwas Druck beim Hoch- und Runter bewegen. Doch da Herr „Z" an ihrer Muschi weiter onanierte hörte sie damit auf, legte sich auf den Rücken und ließ sich einen Orgasmus onanieren, den
er ihr nur zu gerne gab. Beim stärkeren Herankommen des Orgasmus rieb er auch die Klitoris stärker und er fühlte wie die Welle ihren Körper durch bebte. Als sie dann ihren vollen Höhepunkt erreicht hatte ging ein kleines Körpererdbeben durch ihren Körper mit damit verbundenen Zuckungen - und die Abendröte gab allem eine schöne stimmungsvolle Färbung.
Sie wollte jetzt eine kurze Weile nicht berührt werden.
So war sie.
Natürlich war ihre Geilheit erst jetzt entfacht - und seine auch. Komm' lass uns den Sonnenschein bevögeln, meinte Herr „Z".
Sie beugte sich nochmal zu seinem Ständer um ihn zu küssen, zu liebkosen. Das machte ihn wieder härter. Ihre Möse pulsierte noch als sie auf Händen und Füßen sich in Richtung Sonnenuntergang gestellt hatte, um nun von

hinten mal wieder richtig gevögelt zu werden. Sie schaute zurück und beide lächelten sich an als er sich geilisch vibrierend, den Ständer in der rechten Hand, ihrer Möse näherte.
Die Erregung wurde immer stärker.
Ganz langsam näherte er sich der Muschi.
Sie wollte ihn nun in sich haben. Sie war nun wilder. Ihre Fantasie war ja immer wach auf den Superfick.
Als er den Ständer an ihre Muschi brachte stöhnten beide auf. Er ließ ihn dort für einige Sekunden. Dann schob er ihn bis zum Ende der Eichel hinein, was ganz geschmeidig ging da ihre Möse gut geschmiert war. Es würde also kein Schmirgelpapierfick werden wie bei manchen anderen Frauen, die zu sehr Kopf waren und gar nicht Körper. Mit der Eichel drin, bis zu ihren Lippen, schob er sachte hin und her und beide schauten sich das Farbenspiel des Horizonts an.
Willst du ihn tiefer haben.
Ja, aber mach's mit mehr Geilheit.
Herr „Z" zog ihn dann aber kurz raus und beugte sich der Muschi zu um mal seine Zunge rein zustecken. Dann ließ er sie, schön elektrisch geladen, über die Klitoris laufen.
Die Frau stöhnte und wand sich hin und her. Er bewegte die Zunge dann richtig wild bis die Frau wieder ganz stöhnend und wild wurde und mehr wollte. In dem Moment steckte er ihr den Penis voll rein. Sie antwortet mit einem tiefen Stöhnen der Freude und Lust. Nun gab er ihr einige harte Stöße die sie alle mit lustvollem Stöhnen beantwortete. Ja, ja, rief sie dann wenn er so richtig hart zuschob. Zur gleichen Zeit spielte er aber auch noch an ihrer Klitoris. Sie wurde wilder, geiler, spitzer, schärfer, fickriger von Minute zu Minute
Und in dem Moment hatte Herr „Z" die Elektrode in der Hand. Als die Frau etwas delierisch wurde und vor sich

her sabberte, setzte er die Elektrode mit einer sachten Bewegung an ihren Kopf. Und da sie äußerst erregt war merkte sie auch nicht das Geringste, da die Elektrode feiner als eine Akupunkturnadel war. Sie hatte die Stärke einer Glasfaser, die sich ganz leicht in den Körper graben lassen.
Und als Herr „Z" nun seinen Stößen den richtigen Schwung gab, den die Frau wollte und die auch er genoss, drückte er mal zum Testen ganz kurz auf den Fernauslöser den er in der Hemdtasche hatte, da er nur die Hose aus hatte und die Frau sogar noch ihren Rock anhatte, - fiel also nicht auf.
Im Moment des Stoßens bekam die Frau nun einen Impuls zum Gehirnzentrum. Sofort ging eine solche Welle der Wonne und des Schmelzens durch sie, machte sie so gelöst, so begierig, so supergeil, dass ihre Möse sich seinem Penis sofort ganz stark entgegenstreckte und sie ein mächtiges, tierisches, aus dem Bauch herauskommendes Wonnegestöhne verlauten ließ.
Die Frau war sofort mehr am Wollen indem sie „mehr" sagte.
Ohhh, ja, nochmal so tief, so langsam, so penetrierend, ohh „Z" stoß mich nochmal so in die Geilheit, in diese fantastische Erotik.
Und so gab Herr „Z" ihr bei jedem zweiten Stoß jeweils einen elektrischen Impuls.
Nach mehreren Impulsen war die Frau völlig entspannt und Saliva kam aus ihrem Mund, sie fing an ihren Kopf hin und her zu schütteln, sie war völlig weg und wollte immer mehr, mehr, mehr, mehr, mehr. Erst als sie ermattet auf den Bauch fiel hörte Herr „Z" auf, - sich denkend, dass er die Elektrode auch mal an sich ausprobieren müsste.
Die Frau lächelte total verklärt und hatte auch nicht das geringste Interesse zu sprechen oder ihren Körper zu be-

wegen. Ihr ganzer Körper war eine Woge der Wärme, der Farben und der totalsten fickrigen Befriedigung die sie jemals in ihrem Leben hatte. Das wusste Herr „Z" nun auch, er grinste die Farben am Horizont an - und schaute auf den Ständer, der immer noch prall war da er ja noch gar keinen Samenerguss hatte, - es ihm aber auch gar nicht darauf ankam.
Die Frau lag so etwa fünfundzwanzig Minuten bis ihr geilheitserotischer, innerer und äußerer, Einheitszustand langsam wieder zur normalen Ebene zurückgekommen war.
Herr „Z" hatte die Elektrode inzwischen auch schon wieder entfernt. Alles war also bestens verlaufen. Was hast du mit mir gemacht, ich bin total geschafft und sehr befriedigt, - mensch, das war einfach enorm Geil von dir mir so die Möse zu nähren.
Herr „Z" lachte laut, zeigte auf den Ständer und meinte dann: ja, da ist schon eine Menge Elektrizität in so einem Leuchtturm, nicht wahr.
Ermattet lächelte die Frau zurück.
Natürlich ging so ein Superfick auch nicht spurlos an Herrn „Z" vorüber. Nein, durch solche Sachen wird er natürlich auch körperlich an sie gebundener, denn er fickte sie ja gerne, - so war es ja nun nicht. Der Kopf von ihr war eben ziemlich zickig, hackerisch, zerstörerisch, aber ihre Möse war dafür Spitzenklasse.
Das war klar. Und die Attraktionen sind vielschichtig. Wir Menschen bestehen ja nicht nur aus einer Haut, wir haben ja mehrere, - wie die Zwiebel - und jede Hautschicht hat ihre Entsprechung beim anderen Geschlecht, - anderen Menschen.
Es gefiel ihm gut wenn die Frau so befriedigt war. Das strahlte auch auf ihn zurück, auch wenn er ansonsten selbst fast immer gut drauf war und eigentlich vom An-

dern die Ausstrahlung nicht so brauchte. Trotzdem, hier das war etwas anderes, das war das große Universum der Leben schaffenden Möglichkeiten, das war Familie, das war Spezies, das war Liebe, das war Einswerdung, -jedenfalls als Möglichkeit.
Jedenfalls, als sie beide dann zurückgingen durch die seichte Dunkelheit, war der Frau ziemlich schummerig in den Beinen, sie torkelte etwas schwabbelig vor sich her. Herr „Z" fragte sich nun wie sie solche Kraftstöße überhaupt verkraften wird, denn er wusste zu genau, dass manche Frauen gar nicht in der Lage sind einen richtig guten Fick zu verarbeiten. Die Kraft steigt ihnen zu Kopfe und sie werden kommandierend oder sie werden ausnützerisch, wollen den Mann auch noch demütigen, - es gab solche Kröten. Diese Frau hatte auch solche Tendenzen in sich, absolut blöde Sachen in sich. Wer weiß wie sie damit umgehen wird, - mit der Kraft.
Und hier zeigte sich die alte Leier zwischen den Menschen, dass man ihnen erst Kraft gibt, sie damit aber nicht richtig umgehen können. Das ist so bei manchen Frauen, das ist so mit Politikern oder mit anderen Menschen die zu Macht, Kraft, Power gekommen sind, - fast keiner hat die Fähigkeit mit der Kraft richtig umzugehen. Die Kraft macht sie dann fertig. Sogar bei Freunden ist ihm das oft passiert. Schlapp und depressiv kamen sie zu ihm ihr Leid klagend. Herr „Z" baute sie dann wieder auf. Da seine Sprache eine Kraft übertrug weil er viel Mantra-Meditation machte, gewisse Körperhaltungen am Tag hinlegte und auch ansonsten laut Mantras sagte und die dementsprechenden Atemübungen machte war er mit sehr viel feiner starken Kraft geladen. Ein Einstundengespräch hatte schon aus einem Schlappwurst ein Energiebündel gemacht. Und dann passierte es. Sie attakierten ihn dann. Seit dem ihm das mehrere Male aufgefallen war hat er

nicht solchen Wert darauf gelegt andere aus ihrer Misere zu helfen, er bekam sozusagen selbst fixiert und brachte sich dadurch in feinere Stimmung.
Ja wie würde die Frau nun solche Kraft verkraften. Jedenfalls ging's an dem Abend gut, keine weiteren Hackereien. Die Frau war besonders lieb zu ihm. Am Morgen wollte sie schon wieder gevögelt werden. Also vögelten sie nochmal und nochmal, sie war im Vöglein Rausch. Nach dem Frühstücken fragte sie ihn dann wie es komme, dass er auf einmal so viel elektrischer vögele. Weiß auch nicht, war seine Antwort, hoffentlich stört ‚s dich nicht zu sehr... Sie grinste und erwiderte, nein, nein ganz und gar nicht Schatzi, - das hatte er schon lange nicht mehr gehört.
Strahlend fuhr die Dornröschen dann ins Dorf.
Für ihn war's klar, sie würde zur Geilarsch fahren und ihr ausgiebig berichten was für einen Superfick sie nun genoss. Die war so, die musste gleich alles unter die Leute bringen, auch unter jene die sie gar nicht kannte. Sie, die Frauen würden sich nun stundenlang am Gespräch ergeilen, über andere Männer Penisse reden, wie sie sich im Bett bewegen und was jeder so macht, tut oder möchte...
Natürlich würde Herr „Z" von nun an den ersten Platz einnehmen und andere Frauen würden nun drei Meter lange Augen machen wenn sie ihn sehen, das wusste er schon. Jede Frau würde versuchen ihn alleine zu erwischen, um von ihm auch sicherlich so gevögelt zu werden. Nun würden die Frauen keine Stellen haben, die sie an ihm kritisieren wollten da sie sowieso nur den Fick schätzten, außer sie würden anfangen zu meinen er wäre zu gut, - solche Gescheiten gibt's auch.
Natürlich ist die Fruchtbarkeit der Menschen unumstritten und durch diesen Mechanismus wird er höchstwahrscheinlich noch viel viel stärker gefördert sein, - da wer-

den die Gruppen die meinen, dass Bevölkerungskontrolle geübt werden muss, ganz schön zu hetzen haben. Da werden die Wissenschaftler, die Professoren, die Jenigen die meinen zu wissen das die Erde, die Welt überbevölkert ist ihre mentalen Plakate hervorholen und Beweise theoretisch wirklich machen. Da wird auf der Straße die Masse angemacht damit sie gegen sich selber kämpft. Diejenigen die auch wissen das wir bald verhungern werden, weil's so viel zu fressen gibt und der Rest der Erde noch gar nicht fruchtbar gemacht ist, solche werden zum Vorschein kommen und den stillen Fixierblick des Irren von Naoussa und den Herrn „Z" vor die UNO bringen, damit sie sich dort verantworten können, - das kann aber auch hier gemacht werden.
Und die Frauen werden jubeln, aber die Männer ganz ganz natürlich auch.
Hier müsste eigentlich noch ein Experiment gemacht werden. Herr „Z" wachte aus seiner Träumerei auf. Das Geschäft wird ja sonst einseitig. Hier muss noch ein Mann getestet werden. Am besten er testet sich gleich selber. Später würden dann ganz genaue Beschreibungen abgegeben werden, wenn der Käufer sich den absoluten Orgasmus kauft. Es wird also ein sexuelles Maschinchen werden, - kein Hetero oder Homo, nein sexuell. Denn Sex kennt keine weibliche oder männliche Mathematik. Sex ist Sex und da können die andern quasseln wie sie wollen. Schließlich soll der Bundeskanzler oder der König der Königin, der Präsident auch ihren Spaß haben, - indem sie mit Speichel beschlabbert, ohhh ja, ihren Kopf über'm Bettrand hängen lassen müssen weil's soooo schöööön waaaaar.
Also, Herr „Z" setzte sich den Elektrodenschuss selber. Zuerst dachte er noch er müsse dazu onanieren, aber das war gänzlich überflüssig. Onanieren wird überflüs-

sig, - keine Pickel mehr, kein Rückenmarkschwund, keine psychologischen Hängups, - Freiheit von der Gewohnheit an diese Elektrode.

Als Herr „Z" ganz sachte den Knopf drückte, als er da so schön im Sonnenlicht saß und die Vöglein zwitscherten und das Gras unhörbar zum Himmel strebte nur um vorher abgefressen zu werden, explodierte auf einmal mitten zwischen Groß- und Kleinhirn die Hypophallusdrüse. Sie schüttete ihren ganzen Saft, der das Leben seit Jahrmillionen besäftigt hatte, über beide Gehirnhälften. Das kosmosche Ur, ohne Armbanduhr, - Energie - flitzte rasend schnell sein Rückrat hoch und traf sich dort im Scheitelpunkt des Schädels - auf ein wunderbares Ronde-wu. Die Englein singend ist gar nichts dagegen was er jetzt erfahren musste. Als Erstes sackte er erstmal in den Stuhl ohne seine Körperfassung aufrecht zu erhalten. Es spielte sich bei ihm also zuerst im Kopf ab. Der Körper war einfach nicht kleinzukriegen, - sei es nun der menschliche, der erdliche, der kosmische, der göttliche. Herr „Z" wurde auf einmal in ein Licht getaucht das weder Licht noch kein Licht war, es war also ein Mitteldocht voller Licht das keines sein soll. Merkwürdig. Trotzdem ist es so. Es war ein überirdisches Licht, - das schönste was es an Licht gibt.

Die kosmische Energie die ja jeder Mensch in sich trägt, aus der sein Körper gemacht ist und die da unten am Rückrat schlummert weil ihr das weltliche Leben sowieso bekannt ist, da der ganze Kosmos ja aus ihrer Energie gemacht ist, wurde dadurch also wach und wollte nun mit der Energie des Nichts, dass immer was Nichts ist, bloß der Begriff für Nichts sowie der Tod der Begriff für Tod ist, obwohl es ganz was anderes ist.

Sie wollte nun mit dieser Energie ihre Verbindung eingehen und das geschah dann auch. Herr „Z" wurde in einen Rausch, der kein Rausch war, gehoben. Er wurde derma-

ßen unbewusst und dadurch überbewusst das sogar die Umgebung, die Katzen und die Gräser davon mit jubelten, - denn Herr „Z" jubelte auf einmal. Er jubelte so laut und so hochfrequenzig, dass alles um ihn herum mit jubelte und seine Aug-Äpfel ihm bald aus den Ohren gefallen wären. Während dieser Zeit hatte er einen enormen Ständer, ganz im Gegenteil zum Yoga der jegliche Ständer verabscheut. Aber wo soll man sonst seine Sachen aufhängen, die man so mit sich trägt, Yoga will ja nichts, eben das Nichtmitsichtragen, das ist verständlich. Aber in diesem Falle war's eine Reise in die absolute Entspannung des Körpers, der Entspannung des Körpers.
Herr „Z" drückte dann nochmal ganz lange auf den Auslöser. Er wollte das so richtig auskosten was schon immer so hoch gepriesen wurde, dass der Fick eben solche Dimensionen haben soll die mehr als überirdisch sein sollen. Also sein Schwänzchen in ein Löchlein stecken soll nun wirklich so fantastisch sein.
Und das war es dann auch, seine Muskeln wurden grösser, fast dreifach vergrößert, seine Augen auch und seine Haare wurden länger. Er wurde so in die Tiefe des Lebens geschleudert, dass er ganz schnell schneller lebte und so eben schneller alterte, bis er schon fast an die Tür des Todes geklopft hätte. Doch das war eben noch zu früh. Und so lag Herr „Z" ganz einfach flach und war an der endlosen Ekstase des Lebens, die ja unendlich ist, ganz schön am Knabbern. Das hatte er nicht gewusst, dass der Lebensorgasmus doch so groß ist, so wild ist und süchtig machen kann. Aber es gibt ja Menschen die eben diese Sucht suchen und sie sollen sie nun haben. Sozusagen Aidsfrei. Ja, Aidsfrei.
Das wird ein Millionengeschäft freute er sich dann später, - eine Stunde später als er vom Orgasmus aufwachte. Es war fast so schön wie Schule, rief er kalt laut aus. Fast so

blöde wie das Heraushören der Töne, ob einer nun eine rauhe oder hohe Stimme hat, - was dann als Liebe gedeutet wird. Natürlich das hohe Singende.
Sooon Abfall.
Also später schaute er erstmal in den Spiegel - und ohhh, jetzt war ihm klar weshalb die Frauen ihn einfach so übergangen hatten und kaum Notiz von ihm genommen hatten, - er sah ja immer noch so aus wie der halbe Glöckner von Notre-Naoussa, die linke Gesichtshälfte war immer noch angeschwollen. Als er dann dort so vor dem Spiegel stand war ihm auch klar weshalb er eigentlich nicht so bei den Frauen, bei Dornröschen ankam, weshalb die große Liebe zu einer Flachlandroutine geworden war. Zuerst sind es ja immer die großen Schübe der Reize, der ewigen Worte und der unendlichen Faszination, aber mit der Zeit schleicht sich doch die Gewohnheit ein und und ein Jeder meint zu glauben den Anderen zu kennen und damit wird's dann uninteressant. Der Andere ist abgestempelt, einfach als ob er wirklich nur so ist. Dabei war's alles nur das Oberflächen-Sehen.
Dornröschen hatte auch vergessen mit wem sie zusammen war - und er auch. Natürlich war Dornröschen auch noch viel schlechter als er, das war klar. Sie hatte sich der Zeitschriftenwahrheiten und der Träumereien darin hingegeben. Sie las „BRIGITTE" und glaubte den ganzen abgelutschten Schaum, - den Abschaum. Sie hatte Mode im Kopf und wusste gar nicht das Mode zu über siebzig Prozent von Schwulen gemacht wird. Und wer mal in die Szene reingeschaut hat und einigermaßen bei Sinne ist, dem wird schon nach zehn Minuten so übel, so schlecht, denn unter denen ist so viel Intrige, so viel fetziges Gehetze, so viel Hass und bewusstes Kaputtmachen wollen, andere zerstören wollen - und solche Menschen kleiden andere Menschen ein. Da müssen die andern allein

schon vom Tragen der Mode krank, gehässig, miserabel werden, denn so sind die. Die Betonung des weiblichen Miserablen ist für sie das Höchste. Er war aber ihr gegenüber vergesslicher geworden weil sie so eine verlogene, zerstörerische Art hatte, - Manipulation. Es war gut so ein Wesen zu vergessen.
Und wenn er mal mit ihr über ihre Zweiheit reden wollte, von dieser Liebe, dann wurde meistens abgewürgt. Ganz einfach deswegen weil die Frau dann ganz einfach aggressiv wurde, - mit anderen Worten: sie wurde blind und blöde. Die Unterdrückung, sie förderte so etwas. Auf einmal freute sich Herr „Z" wieder das sein Gesicht so verdötscht aussah. Er lachte sich an und freute sich. Und das Gerede mit ihr, das führte so oft zu ihrer zentralen Unzufriedenheit.
Naja und er, er arbeitete an sich. Er wusste nur zu gut wie der Aufbau in ihm war, dass es dort etwas sehr Schönes zu finden gab.
Die ganzen Bücher die er hatte, von denen er etwas dazugelernt hatte, wovon er etwas verstanden hatte, die waren nichts für sie, - da zog sie auch drüber her (bloß später als sie Sanyassin geworden war da las sie, da wollte sie ihm sogar etwas sagen, doch dann war Herr „Z" schon längst längst woanders und ließ sie abklatschen, natürlich mit einem gesellschaftlichen künstlichen Lächeln und der geschmeidigsten Ausredekunst).
Und das war ihm auch aufgefallen, dass, wenn immer er von was für ihn Wahrheiten war, redete, da reagierte diese Dornröschen kaum darauf und viele andere auch nicht. Aber wenn er log, bewusst log, wenn er sich verstellte und anfing zu Spinnen dann glaubten sie's ihm. Und er erkannte das diese Art der Menschen die Lüge zur Wahrheit hatten, das Getäusche zur Wirklichkeit genommen hatten und das die Fantasie für sie mehr Wirklichkeit hatte als

die eigene Realität.
Diese Sorte Mensch litt unter dem Glauben das Macht das Ziel deiner Entwicklung sei.
Es war ja ganz selten das Herr „Z" sich in die Schlammschlacht des menschlich allzu Menschlichen hineindachte, hineinschaute. Aber es muss ja mal gemacht werden, denn es gibt einfach zu viele Blöde in seiner Umgebung die unwahrscheinlich flüssig reden konnten, - die ihre Köpfe so voll Fakten hatten und auf alles sechsundfünfzig Antworten hatten. Aber um so mehr er mit ihnen zusammen war, um so mehr merkte er das es eine Art von innerer Routine war, eine immer sich wiederholende, selbe Fakten-Quasselei. Er war da mit Menschen zusammen die Universitätsbildung hatten, aber um so mehr er sie kannte, um so mehr konnte er sehen das aus denen eine Art von gebildeter Ansammlung, von Informationen geworden war. Sie waren irgendwie eine Gruppe von gebildeter Blödheit geworden. Und gebildete Blödheit ist ja viel blöder als ungebildete Blödheit, weil die ja nicht wissen das sie doch noch blöde sind.
Herr „Z" wusste das in ihm eine Schicht Ignoranz war.
Er war sich dessen bewusst.
Und diese Schicht wollte er durchbrechen, denn es war für ihn unvorstellbar das etwas als blöde geschaffen war, dass das Kreative etwas Blödes als Zentrum hat, - einfach unvorstellbar.
Und diese Menschen die sich in Positionen hineingeheuchelt hatten, die formten also die Gesellschaft mit. Darauf waren sie natürlich sehr sehr stolz und wurden auch noch aufgeblasener. Doch diese Typen waren selbst so neurotisch, dass daraus eben nur eine neurotische Gesellschaftsbildung erscheinen kann, - Inhuman wie sie selber waren.
Primitiv.

Ihr geheucheltes Lächeln, - das oft auf ihn abgewälzt wurde, ihr geheucheltes Grüß Gott, - ihr geheucheltes Geheuchel, ihr geheuchelter Optimismus, - der Optimismus der Vergiftung.
Kein Wunder das die Erde vergiftet wird, kein Wunder das Armeen so viel Geld bekommen, kein Wunder das Raketen, atomare Seuche, Aufrüstung da ist. Chemische Vergiftung.
Geheuchelte Menschen können aber nur freundliche Strukturen für Heuchelei schaffen. Heuchelei ist das Massenglück der Gesellschaftsanbeter.
Aber wehe du kommst einem der Wesen der Heuchelei näher, - sie kennen nur Feinde. Sogar ihre Freunde sind Feinde, - für sie.
Und genauso war's mit Dornröschen.
Aber da sie zu sehr in der Oberflächenheuchelei verstrickt war, dessen sie sich wohl gar nicht bewusst war und wie gesagt, wenn man mal darüber reden wollte wurde es verdrängt, war Herr „Z" auch zu einem Feind für sie geworden, - sehr oft.
Zu oft für den Geschmack von Herrn „Z".
Und sie würde nun dort im Dorf über diesen Wunderfick reden.
Herr „Z" aber bemühte sich das Gesicht nun wieder doch frei zu bekommen. Er legte etwas Salbe auf die Schwellung, dann ging er hinunter zum Wasserbecken um zu sehen wie die Libellen schlüpften. An der Mauer vorbei auf denen die großen Echsen lagen und an denen die wilden Wicken blühten. Ihr Zartrosa, ihr zartes Lila, ihr helles Gelb leuchtete sehr zur Freude von Herrn „Z". Im Schilf selber rankten die Windegewächse, die gewöhnliche Zaunwinde in ihrem wunderbaren Weiß und die Strandzaunwinde in ihren sehr zarten Mischungen aus seichtem Weiß und zartem Rosa, auch die kleine Ackerwinde wuchs überall

auf dem Boden und leuchtete ihn an. Verschiedene Disteln waren auch in voller Blüte, helles Lila, helles Blau, feinstes Weiß. Kornblumen standen am Wegrand mit ihrer blauen Schönheit und die Wegwarte mit ihrem dumpfen Duft. Es gab auch edle Knabenkrautgewächse, sie waren etwas versteckter im Gras. Diese Orchideen wuchsen in großer Menge hier auf den freien Wiesen. Die Hundswurzorchideen waren auch zu sehen wenn man richtig hinschaute. Und überall der Mohn, meistens Klatschmohn, scharlachrot zeigte er sich im Grün der sich wiegenden Wiesen. Auf den steinigen Plätzen leuchtete aber auch der gelbe duftende Hornmohn mit seiner viel größeren Blüte. Knöterich und Brennnesseln, wilder Pfefferminz und jede Menge Kamille - und das alles vermischte sich an Düften mit wildem Majoran, Thymian, Oregano und wurde zu einer Duftwolke die Tag für Tag auf die Umgebung einwirkte. Diese wunderbaren Farben, dieser intensive Duft waren dann auch eine sinnliche Flucht zur Realität die eben viel schöner sein kann, als die Realität, die mehr auf Heuchelei und dem andauernden Gehacke und dann Wiederaufbauen der Betonrealitätenschaffer war. Diese hier war Duftrealität, Farbenrealität die selbst Duft und Farben in ihm zum Vorschein brachte. Ja, es ging sogar soweit, dass er selbst nach Monaten des Lebens hier anfing zu duften, sein Körper war durchtränkt vom Duft, den Farben und von der sauberen Luft hier. Und das liegt dem wahren Menschlichen näher als der Gestank der Städte. Und dem daraus folgendem Absurden der immer schärfer werdenden Parfüme, die ja äußere Schärfe übertreffen müssen. Aber hier, hier war alles in eine zarte Feinheit gehüllt. Kein ätzendes, auf Säuren aufgebautes chemisches Mittelchen, das von seiner ursprünglichen Blumensubstanz am Ende in der Flasche nur noch den Namen hat.

Wenn er dann so hinunterging zum Becken, auf die Farben und Blumen schaute, dann merkte er wie sein Herz aufging. Jedes Wort war dann ganz einfach mehr als blöde, es war störend. Der Duft konnte nicht mit Worten erklärt werden. - Der Duft konnte nur geschmeckt werden. Er atmete dann Tag für Tag tief durch, saugte ihn sich tief hinein, wurde dadurch wiederum ganz leicht, -so wie Duft leicht ist.
Die Kopfenergie verschwand dann sofort und auch durch das Sehen dieser Schönheit, verschwand das Denken ganz von selbst, - es wurde dann wieder ganz einfach schön, indem er schaute und sah. Um als Mensch glücklich zu sein - und freundlich zu sein, um leicht unzerstörerisch und aggressiv zu sein muss auch die Umgebung dafür sein.
In den Städten war das noch ein sehr sehr langer Weg dahin. Das ist aber der Schund weshalb international zuviel kaputt gemacht wird und kein Geld, keine Mentalität da ist die konsequent am Verschönern arbeitet. Das ganze Geld geht in euren frühzeitigen Tod, in Waffen und in Verpestung der Gewässer, der Luft, der Wälder, - alles eure frühzeitige Verseuchung.
Aber ihr wollt das ja so, ihr wählt ja solche Menschen die sich um Schund bemühen den sie selbst kreatiert haben, den sie brauchen, denn nicht jeder kann das Schöne sehen weil zu viele Brillen tragen, - weil sie kurz- oder langsichtig sind. Wie wollen sie da das Schöne in sich tragen, -sehen.
Herr „Z" stieg dann auf die Mauer des Wasserauffangbeckens und schaute ganz einfach den Libellen zu. Einige schwammen noch als Larven im Wasser. Er konnte sehen wie sie schon dabei waren sich nach oben zur Wasseroberfläche zu bewegen, es aber doch noch nicht die rechte Zeit für sie war. Andere, ungeheuerlich aus-

sehende, Larven krabbelten an den Beckenwänden zur Wasser-oberfäche hoch, wenn sie ihn aber sahen blieben sie still stehen. Und andere waren schon außerhalb des Wassers ohne sich zu bewegen und warteten das aus ihnen ein fliegendes Insekt wurde Und wiederum andere Libellen, die lebten schon so lange, dass sie auch am Wasserrand waren aber schon wieder ihren Körperschwanz im Becken hatten um ihre Eier abzulegen. Einige Libellen waren schon aus ihrer Larvenhülle geschlüpft, waren völlig hilflos denn ihre Flügel waren noch weich und verkrümmt, sie konnten nicht fliegen, nicht zurück ins Wasser, nicht vorwärts, sie mussten dort warten und dabei verloren auch schon sehr viele ihre Möglichkeit zu fliegen und zu glitzern, denn zu oft wurden sie von einer kleinen Welle wieder in Wasser gespült oder Schwalben schnappten sie sich und pickten auf ihnen herum oder aber ihre Flügel waren von der Metamorphose so verklemmt, dass sie einfach nicht gerade flugfähig wurden und sie hatten dann sozusagen ein verklemmtes Dasein das in sehr kurzer Zeit von Echsen beendet wurde, aber auch die wunderschönen Bienenfresser flogen geplant vorbei um sie sich zu schnappen.
In dieser Stimmung des Augenblicks des Geborenwerdens, des Sterbens, des Verkrüppelt seins, des Schönwerdens sah er die wissenschaftliche Fähigkeit der Menschen, - die Möglichkeit der Wiedergeburt ein Schnippchen zu schlagen, - denen die meinen das die Wiedergeburt mit ihren Leiden, mit ihren Beulen und ihren Verkrüppelungen, mit ihren genetischen Seuchen und ihren organischen Malfunktionen den Menschen dazu anhielten zu theoretisieren, dass die Wiedergeburt, das Leiden eine Sache ist die nur durch die Erleuchtung beendet werden kann. Wobei es doch meistens eine körperliche Leidenssache war, die aber durch genetische Verbesserung verändert

werden kann. Denn Wissen-Schaffen hat den Menschen von vielen Wiedergeburten befreit. Sie hat ihn schön und leicht und harmonisch gemacht, sie hat die Möglichkeit ihn glücklicher zu machen. Da können Pestbeulen kuriert werden und Organe ausgewechselt werden, da brauchen keine Kinder blindlings gezeugt zu werden, da werden auch Möglichkeiten wirklich die das Alter ohne Angst, ohne Schande, ohne Dahinsiechen leben lassen. Das waren die Fähigkeiten die im Menschen schlummerten.

Selbst der Tod konnte durch Wissenschaften so gesehen werden, dass der Tod gar kein Tod war, sondern das der Mensch selber immer lebt. Es konnte erkannt werden das es gar kein Reich des Todes gibt. Er freute sich über solche Einsichten. Mit dieser einsichtigen Freude ging er dann wieder zurück zum Haus um sich frische Kleidung anzuziehen, nochmals etwas Salbe auf's Gesicht zu legen, weiter zu verbessern. Er zog sich eine Burgunder Satinhose an, dazu ein silbernes kragenloses Seidenhemd und natürlich die Sandalen, das war alles.

Nach dieser Erneuerung fiel bei ihm dann auch die impulsive wilde Energie die er in sich hatte zurück ins Feine, zurück in die Harmonie, - denn sehr viel ist manchmal gebraucht um diese starken Lebensenergien in Feinheit, Harmonie zu verwandeln.

Durch diese Feinheit, diese Harmonie verliert dann auch die Engstirnigkeit in ihm ihre Wirkung, starre Konzepte oder Ideen die sich in ihm gemütlich ein Leben machten wurden dadurch abgeschwächt und unerwarteter weise wächst er etwas entgegen, das trotzdem doch noch feuriger, lebendiger, schöner ist.

Der Brennpunkt seiner Gefühle verschmilzt, der Wünsche, der Vorstellungen verschmilzt dann einfach, so dass er mehr Eins mit sich selber ist, was er ja sowieso ist, -aber trotzdem dabei die mentale Kopfarbeit nicht preisgeben

will.
Nach diesem langen Dasitzen und Schauen erwacht in ihm immer eine Übereinstimmung und statt nach außen bewegt sich dann alles nach innen zum Zentrum, obwohl er nach außen blickt und so in solch einer Eintracht mit sich selber, machte er sich auf den Weg ins Dorf um dem Irren die frohe Nachricht zu überbringen das es geklappt hatte - und um andere Sachen zu erleben. Dieses Mal nahm er den Schirm nicht mit. Mit dem Schirm wäre das Gehacke auf ihn noch größer gewesen. Die Menschen ließen ihn ja noch nicht einmal zufrieden, wenn er zufrieden war. Auch das war nicht das Wahre, auch das war Grund zum Kritisieren. Am besten wäre es wenn er wieder unsichtbar wäre, dachte er sich dann, aber nun, nun war er in feiner Stimmung. Diese feine Stimmung war dann auch von den Dorfbewohnern gerne aufgenommen. Natürlich gab's jene denen eine feine Stimmung Grund war reinzuschlagen, kaputtzumachen, denn ein Mensch darf keine feine Stimmung haben, er muss wütend, traurig sein, kaputtmachen weil doch sowieso alles kaputt geht, weil er doch sowieso stirbt. Aber solche Idioten sah er nun schon aus der Ferne und dann, da er sie zuerst sah, war er wissend da.
Herr „Z" ging vorbei an dem Gemüsewagen der ins Dorf kommt, an dem Hühnerauto mit lebenden Küken die verkauft werden sollten, an den Cafes vorbei an denen die dort als Zivile saßen aber doch spitzelten, - Polizisten waren. Er überquerte den kleinen Bach der aus dem Berg quoll und in dem am Einfluss ins Meer des Bewusstseins Aale schwammen. Er ging vorbei an den Booten, an den Netzen die auf dem Boden lagen, vorbei an dem Fischer der immer wieder die Krake mit Wucht auf den Betonboden warf damit der knorpelige Körper so weich geschlagen wurde, damit er essbarer wurde. Er ging vorbei

an den geschmückten Häusern mit Blick auf's Meer bis er in einem Mückental, wo Esel und magere Kühe lebten, die kleine Hütte sah in der der Irre lebte. Und der Irre saß vor der Hütte und starrte und starrte, - natürlich wieder in seiner übermäßigen Kleidung, seiner Mütze. Aber als der Irre ihn nun sah, da fing er an wild mit den Armen zu fuchteln, und er sprang sofort auf, lief auf Herrn „Z" zu, denn der Irre hatte es nicht sonderlich gerne wenn jemand zu seiner kleinen Behausung kam. Das wusste Herr „Z". Als er dann ganz in der Nähe von Herrn „Z" war schaute er ihn wunderlich an und fing an um ihn herumzugehen, als ob er ihn von allen Seiten erst sehen müsste. Herr „Z" zeigte dann das Stück Papier auf dem das Testresultat stand, und das Herr „Z" nun alles weitere einleiten würde um diese Angelegenheit zu verkommerzialisieren.
Der Irre las den Brief und nickte bloß ganz flach, aber Herr „Z" wusste Bescheid dass das ein OK war.
Für den Irren war ein Besuch am Tage von jemanden schon eine irre Sache, er versuchte sich davor immer zu drücken und er war nun froh, dass Herr „Z" ohne weiteres zu sagen ganz einfach wieder zurück ging.
Zufrieden ging er zu seinem Haus zurück.
Und das der Irre zufrieden war war ein Zeichen, dass Zufriedenheit bei allen verschiedenen Menschen die gleiche Zufriedenheit ist, - auch wenn damit zuvor andere Geschehnisse verbunden waren, letztendlich ist es das Gleiche. Auch Ganoven oder Politiker sind zufrieden, auch Generäle oder Stripteasetänzerinnen sind zufrieden.
Herr „Z" aber sprang nun aus lauter Übermut über die Felsen die am Bewusstseinsmeer lagen, wie ein Stück Leben das sehr flexibel ist.
Einmal, als er an dem Haus vorbeikam das fast das ganze Jahr über leer herumsteht, sehr groß ist, sehr teuer aussieht und dem Intendanten des Radio Amsterdam gehört,

schaute er auf den Strand davor auf welchem eine nackte Frau auf dem Bauch lag und versuchte einen braunen Torso zu ersonnen. Dabei ertappte er sich, wie er aufein-mal Glotzaugen bekam und mit den Glotzaugen verbunden - entwickelte sich ein Glotzpimmel. Doch der verschwand bald wieder, sobald er den Strand verlassen hatte.
Etwas weiter entfernt von dem Stand an dem die Frau lag war aber ein noch schönerer Strand mit einer einzigen Agave, die schräg in das sichtbare Unsichtbare gewachsen war. Dort entkleidete er sich rasch völlig und lief mit großen Sprüngen ins Wasser. Ahhh, endlich wieder im Meer des Bewusstseins zu schwimmen, - ist das nicht ein fantastisches Leben.
Und die Anderen dort lieben Fabriken, die jammern, die Anderen in den Büros, die geben sich der sekretärischen Spionage hin.
Andere versuchten gerade jemandem das Geld zu klauen und Andere waren damit beschäftigt Strategien zu entwerfen die ganze Völker ruinieren sollten. Irgendwo waren Menschen die auf Andere zielten um sie zu töten. Irgendwo waren Kinder die gerade von ihren Eltern halb- oder totgeschlagen wurden, irgendwo waren Paare die sich in die Augen schauten um die Liebe zu entfachen, irgendwo gab es Psychologen die ihre staatlichen Patienten voller Drogen pumpten, damit sie auch schön blöd blieben. Und Ärzte waren dabei nur Hilfe zu gewähren wenn die Frau des Patienten zuerst mit ihm bumste. Priester waren dabei kleine Mädchen an die Muschi zu fassen und andere Priester waren dabei ihre Ärsche ganz hoch zu halten damit ein anderer ihnen den Penis dort rein schieben kann. Irgendwo ertrank gerade jemand, irgendwo starben Tausende von Babys am Tage, verhungerten Tausende von Menschen am Tage.
Und er war zwischen den Irgendwo-Menschen und freu-

te sich in dieser schönen Umgebung. Er konnte später Gutes berichten, er konnte ruhig in die Vergangenheit tauchen und sagen: ja, fantastisch.
Erfrischt sonnte er sich auch eine Weile, bis er trocken war. Danach ging er gutgelaunt zurück zum Dorf. Er sah sie dann schon aus der Ferne. Dort, auf dem Dorfplatz, auf der Mauer sitzend die den großen Eukalyptusbaum umgab und an dem die fahrenden Obsthändler meistens ihre Ware anboten. Sie waren ja auch sehr gut zu sehen, beide in Schwarz gekleidet, - der Besuch aus Berlin war da. Natürlich sahen sie schlecht aus, dicke Augenränder, graue Haut, aber sie lachten als sie sich begrüßten. Dornröschen war auch schon da. Ganz und gar unstrahlig sahen sie aus, kein Wunder, so ist das Berlin ja auch fast. Die Beiden brauchten dringendst einen sonnigen Urlaub von mehreren Monaten. Berlin infiziert sowieso sehr negativ, auch wenn man dort sozusagen künstlerisch aktiviert werden könnte. Einmal als Herr „Z", der damals auch noch in Berlin lebte und schon fünf Jahre lang in Marokko war und dort mit den Jüngeren zusammen war, sagten sie ihm, ohne das sie wussten wo er herkam, dass er aus Berlin kommt. Diese ewige Denkerei, diese ewige Thematik von Problemen,
diese ewige Kopfarbeit. Das gab ihm zu denken. Wenn man kaputt sein will und kaputt machen will ist Berlin die richtige Stadt. Wenn man überdreht, unterlebt, eingenebelt und angemotzt werden will, dann ist Berlin die richtige Stadt.
Und nun waren sie hier.
Sofort wurde eine große Flasche Ouzo bestellt und jeder schüttete sich ein Glas voll ein.
Das Schwarze das sie trugen, trugen sie immer, sie trugen immer nur schwarze Kleidung. Ein Zeichen dafür das sie in sich selber erst zur Dunkelheit gekommen waren, denn

das war für sie keine Modefarbe, nein, es war Lebensausdruck, - durchaus psychisch bewertbar. Es war der Eindruck von der Umgebung, den Menschen, die Erfahrungen, dunkel, unhell, ohne Licht, sehr viel Schwarz. Und dann entsteht der Kampf leben zu müssen, - ganz anders Herr „Z", der nicht leben musste, nein, er war das Leben. Natürlich waren sie künstlerisch tätig. Sie war in der Malkunst bis zur Meisterschülerin avanciert und er fummelte auf der Berliner Film- und Fernsehakademie herum, - mit einigen guten Filmen zu seinem Kredit. Und nun wollte er den Film, den er mit Herrn „Z" in Berlin angefangen hatte, hier in dieser schönen Umgebung beenden.
Für diese beiden war das Leben problematisch. Probleme-Leiden war für sie schön, - irgendwie jedenfalls.
Für Herrn „Z" waren Probleme keine Probleme, für ihn gab's nur Lösungen, Probleme kannte Herr „Z" nur vom Hörensagen, er kam nicht in die Verlegenheit oder Ratlosigkeit. Probleme waren in Berlin der modische Schnickschnack. Ziemlich idiotisch, aber so ist es nun mal. Wer sich andauernd mit Problemen beschäftigt der wird selber eines, das ist ganz natürlich so, genauso wie wenn einer andauernd Champagner trinkt, - der wird Alkoholiker.
Herr „Z" freute sich eigentlich über diese beiden wie sie so in Schwarz gehüllt waren. Ganz selten kam etwas Dunkelblau hinzu. Aber was wirklich in ihnen vor sich ging, das wusste Herr „Z" natürlich nicht, - dazu beschäftigte er sich zu wenig mit ihnen.
Die Frau Dornröschen war eine alte Bekannte von ihnen. Natürlich war Herr „Z" damals als Neuling in die Dreiersache gekommen, wurde begutachtet und für akzeptabel befunden. Zu oft gab es Reibereien von der Seite Dornröschens. Sie mochte es nicht wenn die beiden Schwarzen sich mit Herrn „Z" zu gut verstanden. Dann versuchte die Dornenfrau zerstörerische Keile dazwischen zu legen

indem sie schlechte Gefühle hatte, Aggressionen im Kopf, Tumulte ausstrahlte. Das war über die Jahre erkannt worden. Natürlich merkte die Dornenfrau das gar nicht, das musste man ihr erst sagen, - sie war ja sonst so überzeugt von sich - und ihren Wundertaten. Herr „Z" aber kam mit ihnen zurecht ohne sich all zu viele Gedanken der Manipulation zu machen - so wie die Rosenfrau.
Natürlich gab's viel zu erzählen. Natürlich gab's mehr Ouzo. Pläne wurden angefertigt, mentale Ideen wie der Film weitergehen sollte.
Herr „Z" war glücklich wieder mal flüssig zu reden. Reden das direkt mit Taten verbunden war, nicht immer diese spinösen Angelegenheiten. Ein Wort - eine Sache, das gefiel ihm.
Mittlerweile sammelten sich dann noch mehrere Menschen unter dem Baum an. Dort standen die Tische der Restaurants und es entstand eine große Palaverei, - englisch, griechisch, deutsch, schwedisch, italienisch, ein internationales Gemingel und alles war vom Alkohol durchwebt.
Beate Honsell und Helmut Weiß, das waren sie beide. Ein Ehepaar durch Dick und Dünn gehend, durch Krise und Brise lebend, - ein echtes Ehepaar.
Gegenüber dem Baum gackerten die jungen und alten Hühner um die Wette damit sie nun endlich gekauft werden um aus den engen Käfigen herauszukommen. Gott gackerte also vor sich hin damit er aus dem Käfig kommt und vielleicht danach auf irgendeinen Grillstab und dann zurück in Gottes Bäuchchen, möglicherweise sogar in Herrn „Z" oder Helmuts.
Die Thematik der Gesprächseuphorie überschritt bald das was noch überschaubar war und mit dem Alkohol wurde sowieso viel leichter die Unbewusstheit angelockt und das kann gefährlich werden, insbesondere da sie nun

alle um die dreiunddreißig Jahre jung waren, also keine Kleinkinder mehr und mit viel mehr frei werdenden Lebensenergien lebten, die eben auch Wutanfälle und dergleichen mitbrachte wenn sie nicht aufpassten und die Unbewusstheit mehr da war als die Bewusstheit.
Im Zickzacklauf der Zeit bekamen die beiden Bleichgesichter mit dem typischen Gelbgrau, der Berliner Hautfarbe, aber schon ein rosarotes Gesicht vom vielen Reden, Trinken und natürlich der Wärme mit dem hellen gleissenden Licht hier. Nach einer, gut zwei Stunden, gingen die Vier dann zum Taxi um sich zum Haus fahren zu lassen denn die Beiden hatten eine Menge Klamotten mit, insbesondere Filmsachen. Dort angekommen waren die Neulinge in der Gegend erstmal entzückt in so einer Umgebung zu sein. Die Ahhh's und Ohhh's liefen geschmeidig. Die Augen wurden weicher und der Atem wurde ruhiger. Doch die beiden Katzen hatten Angst vor den Neulingen, sie versteckten sich im Schilf.
Herr „Z" hatte den weißen VW-Bus auf den Weg zum Wassersammelbecken gefahren und ihn so mit Steinen balanciert das er relativ eben stand damit die Beiden dort auch gut schlafen konnten. Das sagte ihnen auch zu, im Auto, im Freien zu schlafen. Sie konnten sogar die Schiebetür offen lassen und sich morgens die Frischluft bringen lassen.
Während sie ihre Sachen ins Auto packten machte Herr „Z" eine Flasche Champagner auf. Poooooph. Dornröschen hob den belehrenden Zeigefinger um anzuzeigen das er nicht so viel trinken soll. Sie hatte aber so wenig Bewusstsein, dass sie kaum Alkohol vertragen konnte. Und so wurden die Gläser vollgeschenkt und man süppelte den erfrischenden Champagner nach dem Ouzo während die Vier lässig herumsaßen und redeten, redeten, redeten.

Natürlich sah der Helmut alles durch die Augen des Films, für ihn war alles gesehen nur dazu da um es auf Zelluloid zu bringen, genauso wie ein Fotograf wenn er intensiv damit beschäftigt ist die Umgebung nur noch in Fotos zu sehen.
Unter den Vieren wurden dann bestimmte Gesprächsrhythmen erkennbar. Die Beate, seine Frau, hörte oft zu. Der Helmut, der versuchte so viel wie möglich zu reden weil das für ihn gleichbedeutend war mit Egoprojektion, - es war da, obwohl es ja auch da ist wenn gar nichts gesagt ist. Die Dornröschenfrau schloss sich dem Helmut dann in der Menge des Redens an. Die beiden redeten, argumentierten dann sehr viel und das war für sie dann Erotik, das offene versteckte Spiel der Zuneigung. Wenn Menschen viel zusammen reden dann heißt das für sie das sie sich mögen. Das ist natürlich nur eine Seite der Münze, die ja in Wirklichkeit drei Seiten hat. Herr „Z" machte dann seine Zugabe, wobei die Beate mehr draußen blieb. Das fiel dann Helmut und Dornröschen auf. Für die Frau Dornröschen war's nur Recht, denn für sie bedeutete es das sie mit zwei Männern - ohh lala - und so weiter, das war klar ersichtlich.
Herr „Z" konnte genau beobachten wie die beiden dann, Helmut und Dornröschen, durch ihre Kraftverbindung jedesmal gegen Beate waren wenn sie nun versuchte oder einfach mitredete. Diese beiden waren noch Mentalitäten die sich durch den Massengeist dazu verleiten ließen andere zu bekämpfen, denn diese Art der Energieverbindung war die typische Hysterie die passiert wenn sowas wie Nationalgeist entsteht, dann springt die Kraft von einem Menschen zum anderen und eine ganze Nation läuft wie im Gleichschritt für's Vaterland, - das ist die Verbindung, alles wird dann gleichgemacht, - bloß die Führer haben damit nichts zu tun.

Herr „Z" ließ sich von solchen Miserabilitäten nicht erhaschen. Er war wach genug um zu erkennen was da passierte.
Wenn Herr „Z" mit der Beate redete dann funkten die beiden all zu oft dazwischen da beide, Helmut und Dornröschen, ein aufgeblasenes Fantasieego hatten und deswegen andere für sie sowieso als minder fantasiert wurden, - was sie sich aber jemandem andern niemals eingestehen würden, - verließen sie sich viel zu sehr auf ihre Kraft, anstatt auf Freundlichkeit. Natürlich hatte Herr „Z" mindestens vierzehnmal soviel Kraft wie alle drei zusammen. Er wusste es. Er wusste, dass er ungebunden und unmanifestiert war, er brauchte keine Kraft anzuwenden, das war noch für die alte Mentalität derjenigen Egos die noch meinten alles gleich zu machen, - egal wie, Hauptsache es siegt.
Also waren die Berliner Ärsche mal wieder in ihrem Element. Politik, das war ihr Lebenselexier und alles was damit zusammenhängt, ausspionieren, lügen, betrügen, Machtstrategien setzen, Menschen manipulieren, sich als bester Schläger produzieren, den Reichtum der Massen vergeuden, für sich selbst in vermögende Unternehmen anlegen lassen, durch unübersichtliche Transaktionen letztendlich den Andern immer klein zu kriegen, - egal wie - und so waren die beiden auch. Natürlich war es unmöglich es denen zu sagen, wobei sie das zugaben. Sobald es erwähnt werden würde, würde noch mehr Hass in ihnen wachsen, - die waren so. Bei der Frau Dornröschen konnte man es schon an den nach unten ziehenden Falten um den Mund sehen, - alles sowieso Scheiße - stand da geschrieben. Wenn alles sowieso Scheiße ist dann lieber auch noch mehr Scheiße produzieren. Das war alles klar ersichtlich. Selbst wenn sie lustig waren war doch der Kern von ihnen ein aggressives Bündel Wut und Depres-

sion. Die brauchten Hilfe. Liebe. Könnten die Liebe brauchen, -natürlich, das brauchten sie.
Nun ja, da also Herr „Z" sich von den Stänkereien, den subtilen, nicht mitreißen ließ wurden die beiden ganz allmählich mit ihren Stänkereien neutralisiert und sie kamen unter die Souveränität von Herrn „Z" Energien. Natürlich ist Souveränität auf die Dauer auch nicht das Wahre weil man dadurch den Blick für's echtere Wahre verliert, es wird nachher Diplomatie und daraus Heuchelei. Und daraus wird Unfähigkeit zu erkennen wer für einen ist und was in Situationen die wichtig sind unternommen werden soll. Man lässt zu viele kaputte Sachen mitmischen und vermischt so das Gute, Wahre, Echte. Das ist heute ganz klar in allen politischen Systemen zu sehen. Da werden terroristische Staaten mit Gelder unterstützt, da werden auf Kosten der demokratischen Blah-blahheit atomare diktatorische Gesamtheitszerstörungen entwickelt, da werden offensichtlich gegnerisch eingestellte Systeme mit allen Arten von Zusammenarbeit unterstützt, die dann den Unterstützer selbst vernichten werden.
Souveränität macht labil und inkonsequent, - auf Dauer.
Also, obwohl die Vier nun so lässig zusammen waren, waren die Interpretationen von jeden zu jedem so unterschiedlich hinsichtlich welche Art der Kommunikation herüberkam, dass einem bestimmt bald die Haare zum Mond stehen würden.
Den beiden, Helmut und Dornröschen, spielte die Fantasie andauernd Erotik ins Gehirn, wogegen das bei Herrn „Z" und Beate nicht der Fall war. Wenn Herr „Z" zum Beispiel sagte das für den morgigen Tag das Filmen, er sich dann total in Weiß kleiden würde, die Haare waschen würde, sie schön glänzen sollten und er dann dort bei den Felsen die beschwingte Gangart für die Kamera machen würde, dann war das nicht so gehört. Nein, dann hörten die die

Stimme die Schwung hatte, die Töne die melodisch waren und sie sahen die Lippen, die Augen die funkelten und natürlich die Ausstrahlung die herüber kam - und da die beiden erotisch eingestellt waren, wirkte das auf sie auch dementsprechend.
Wogegen aber Herr „Z" nur das meinte was er gesagt hatte,
Natürlich flimmerte der Champagner und der Ouzo ganz schön mit.
Trotz alledem, es wurde noch eine Flasche Champagner geöffnet.
Die Zeit, die relative, vergeht in solchen Situationen sehr schnell, zu schnell, viel viel, viel zu schnell.
Jeder merkte dann doch das diese Situation einmalig ist, sie würde nie, niiiiiie mehr erscheinen. Und anstatt diesen kämpferischen Schund aufrechtzuerhalten rissen sich die Götter die Haare aus, - und Helmut und Dornröschen erkannten, dass etwas geändert werden musste.
Herr „Z" war sowieso mehr Beobachter.
Die Sonne sank schon wieder, sie brauchte Stoff um aufrecht zu bleiben.
Und mit dem Bewusstsein wurde alles ins Jubelnde gehoben.
Los kommt, laßt uns tanzen, rief Dornröschen. Helmut agierte sofort, er bewegte seinen angewachsenen Bauch.
Herr „Z" legte, legte, legte und legte dann endlich eine Kassette auf, - Santanas Shango. Dann schmiss er sein weises Getue in den Wind und legte sich den alten Rock, den Tanzrock in die Seele. Gut geschmiert durch den Champus fingen dann die Vier zu tanzen an. Zwischendurch wurde wieder mal gesüppelt. Die Sonne ging unter. Die Körper schwitzten. Vögel schauten interessiert zu und dehnten ihre Flügel. Der Tanz wurde tunlichst zum Anfeuern der Körperkräfte. Jeder tanzte mit Jedem und

Alles fing an mit Allem zu tanzen. Dann tanzten sie den Weggang der Sonne, sie riefen die Sonne an, sie jubelten den Farben nach und sie grölten wegen der Kräfte die sie bekommen hatten.
Alles was wir noch brauchen sind dein Piano und meine Gitarre, rief Herr „Z" zu Helmut, der mächtig schwitzte und sogar sein schwarzes Hemd, das Herr „Z" ihm aus Marrakech mitgebracht hatte, weit, sehr weit geöffnet hatte, so weit das es eigentlich schon frei herumflatterte. Aber das merkte jetzt kaum keiner mehr, denn die Trinkertradition der Vier hatte ihre freien Bahnen gespült. Natürlich wurde noch eine Flasche Champagner aufgemacht. Als dann der Rock Go-Karly-go gespielt wurde scherbelten die Sehnen der Vier schneller als jede Sehne beim Zen im künstlichen Bogenschießen.
Juuuhuuh - wahhhohhh und Go-Karly-go wurde gejubelt. Die Agierung der Vier im nun langsam ansteigenden Mondlicht war einfach fantastisch. Und noch eine Flasche Champus wurde geöffnet. Es sah so aus als wenn keiner der Vier noch wusste wo er nun war, - das weiß ja sowieso niemand. Also hier sind die Vier, sie stehen dort auf der Erde, die Erde schwebt im Weltall, das Weltall schwebt im All, alles ist eines, eines ist Eines, ist Eines, ist Eines.
Nachdem sie nun ihre Champagnerfeier einige Stunden gefeiert hatten war auch wieder der Mond hinterm Horizont verschwunden. Es wurde dunkel und die Sterne funkelten.
Herr „Z" wurde auf einmal müde. Ja, ohne sich daran erinnern zu können ging er in die Küche und legte sich dort auf die kleine Couch. Was dann passierte war der Schlaf. Zeit verging, Wege blieben Wege. Auf einmal wurde Herr „Z" ganz langsam wach, Dunkelheit umgab ihn. Er wurde wach weil er etwas gehört hatte, - irgend jemand war am Schluchzen. Noch torkelnd, der Champus, das

Wach werden, - im Schlaf stand er auf in dieser dösigen Seinsweise und ging auf den Hof, aber da war niemand. Doch das merkte er nicht, das Schluchzen kam aus dem Schlafzimmer. Als er dort hineinschaute saß die Beate dort und schluchzte vor sich hin. Was ist passiert, fragte Herr „Z" vorsichtig. Ohne aufzuschauen sagte Beate dann das sie sich Sorgen um Helmut macht, der ist schon so lange weg. Ja und weshalb, fragte Herr „Z". Ja, der Helmut hat in den letzten Monaten so oft davon geredet das er sich umbringen will und nun ist er schon so lange weg, schluchzte sie weiter. Mach' dir keine Sorgen Beate, er wird schön wiederkommen, sagte Herr „Z" und legte den Arm um sie. (Wer immer Schwarz trägt, aus ideologischen Gründen, wird eventuell mit den gleichen Gedanken konfrontiert.) Er versuchte sie zu beruhigen und dabei fing er an aufzuwachen, denn Dornröschen war auch nicht da. Im Nu war Herrn „Z" alles klar, - und diese Frau Beate sitzt da so blöde und schluchzt vor sich hin, -ja, ja der Alkohol bringt's an den Tag was da so in einem drin ist.
Wie lange hatte er eigentlich geschlafen, es war schon Zwei Uhr nachts. Beate sah im Dunkeln noch schlechter aus und dann noch die blöden Sorgengedanken, - dabei machte sich der Selbstmordhelmut mit der Anne weiterhin seine Verfressenheit zur Richtlinie. Diese blöde Beatefrau, sie sitzt da und schluchzt. Naja, also der Helmut will sich schon seit Monaten umbringen, das ist so mit fetten aufgeblasenen Egos die innerlich nur Gegner kennen. Letztendlich ist sich das Ego selber Gegner und will sich eliminieren, - das ist ganz ganz klar.
In Herrn „Z" war aber auch schon die Wut am Brodeln, - der erste Tag, nur einige Stunden sind die hier, man bewirtet diese Menschen, stellt ihnen ihr fahrbares Bett hin, das Beste was es an Champagner im Dorf gab - und kaum lässt man sie aus den Augen, schon fängt der ganze men-

schliche Abfall in ihnen an zu wälzen, sich auszubreiten. Was ist das hier, ein Ehepaar oder ein geheucheltes Ehepaar. Ach ja, er erinnerte sich, angeblich hatten die nur in Berlin geheiratet weil sie so einen zinslosen Zehn-tausendmarkskredit bekommen konnten, geschäftsmani-pulative Ehe. Alles Täuschungen diese Art der Ehen, überhaupt, Ehen sind Täuschungen. Die wollen alle frei sein, warum heiraten die dann erst. Selbst die Beate, wenn sie mit Dornröschen zusammen war, hatte auf ihre Art versucht Herrn „Z" anzumachen, - natürlich war auch das eine Täuschung. Aus Berlin, aus einer Abfallstadt wie die es ist. kann überwiegend nur Abfall kommen. Und Dornröschen, - mensch, sie fantasierte viel von Sexualität. Erotik nannte sie es dann. Man konnte es gut von ihren Blicken ersehen, sie schaute sich gerne die typisch wilden schlägerartigen Menschen an, die heutzutage modisch typischen Wilden, - aber ohne zu wissen das sie wirklich wild waren. Sie sah sich gerne den bulligen Körper an. Das war wohl ihr Traumhöhepunkt, - als ob sie zerfetzt gefickt werden wollte. Doch wenn sie darauf angesprochen wurde bekam er immer wieder nichts als Lügen zu hören. Natürlich ist so jemand ewig sauermelancholisch, depressiv weil nie die Fantasie erreicht wird, - Fantasiewelt ist unlimitiert, aber Realität ist limitiert. Herr „Z" war sozusagen ein Opfer dieser Fantasie.
Er würde nie, - niemand würde nie, - auch sie selbst würde nie.
Und so wurde bei ihr oft die Realität durch die Fantasiewelt verdrängt und dann sah alles mit Herrn „Z" lahm aus. Dann wurde es in ihrem Kopf Routine, die Freundschaft wurde Routine, ja sie wurde sogar so eine dumme schon erwartende Routine.
Doch Herr „Z" hatte ja glücklicherweise Anderes vor. Aber nun war er erstmal ganz kurz sein Leben am Über-

schauen, - dort im Dunkeln sitzend mit der Beate noch vor sich hinschluchzend.
Es ist viel besser dann wieder seine eigenen Wege zu gehen. Sobald die Menschen anfangen sich selber zu sagen, ja den kenne ich, sobald das passiert ist alles schon vorbei, - endgültig vorbei. Dann müssen sie bewusst um ihr bisschen Glück kämpfen, - aus der öden Gewohnheit die sie selber ja schon kennen, die ja selber diese Öde in ihrem Erkennen geschaffen hat. Aber das Interessante war das diese Art von Menschen die innerlich so von der Fantasie geritten werden, die dabei immer mehr in Unzufriedenheiten gerieten, die so ein aufgeblasenes Ego angefacht hatten, - selbst wenn man sie an meckerte, selbst wenn man sie wütend angiftete - darüber froh waren, denn sie waren innerlich so verlassen, so isoliert, so frigide, so eingekerkert das jede Art der Aufmerksamkeit für sie schon schön war. Daraus entstehen dann Masochisten und das Gegenteil.
Die nahmen dann alles hin, nur ja nicht mal mit sich selber alleine konfrontiert werden, nur das nicht. Dabei sollte doch das das Allerschönste sein. Sie lieben sich doch, sie himmeln sich doch so an, sie denken sich doch die Besten, die Schönsten, die Größten, die Allwissendsten, die - und so weiter und so weiter. Also stimmt da was in Ihnen nicht. Beate wimmerte immer noch irgendwas von Selbstmord und der ganze Dilemmaeimer dieser psychologischen Talfahrt in ihr der aber auch, so wie Helmut aussah, von ihm inszeniert, beeinflusst. Er war einfach nicht mit sich selber im Reinen, einfach nicht klar mit sich selber und das färbte tot sicher auf die Frau ab.
Dann hörte man die Beiden zurückkommen. Als sie auf den Hof traten und die Szene schauten fragte Herr „Z" sofort - frech, wo warst du denn. Und sie antwortete sofort - frech, das geht dich gar nichts an.

In dem Moment stieg diese Wut in ihm hoch, er war auf einmal riesig wütend. Es würde sich nicht mehr bewerten hier noch durch Sprechen was zu erreichen. Dieses absolute Blöde von ihr ihm gegenüber, - sie war es doch selber die schon über die Beiden gemeckert hatte als sie noch gar nicht da waren. Ihm wurde in Sekundenbruchteilen wieder ihre immense blöde Denkerei bewusst, ihr Papperlapapp, ihr Zickzackdenken, ihr unmöglich unausgeglichener Kopf und damit auch ihr restliches Leben.
Einerseits wollte sie immer diese große Freiheit, was auch immer das sein sollte, Freiheit, - Freiheit von Menschen mit denen sie zusammen war, andererseits wollte sie aber das der Andere unfreier war, - sie wollte eindeutig Macht -über Menschen -, Herrn „Z". - ganz klar.
Warum redet sie sonst von Eifersuchtslosigkeit wenn sie mit einem anderen Mann oder einer Frau ihr Dingsda anfing. Wenn's aber umgekehrt war war sie gar nicht fähig eifersuchtslos zu sein. Ihr angeschwollener Kopf war viel zu unerfahren um zu wissen, dass das bisschen Bewusstsein das sie erfahren hatte ein Klacks war gegen die vergangene Ablagerung in ihr gegen das viel stärkere Unbewußte in ihr. Sie hetzt gegen die beiden Gäste und nun verschwindet sie mit dem Mann, - völlig unfreies Wesen diese Frau.
Und wenn sie erstmal das kollektive Unbewußte erkennen würde das noch viel viel größer ist als das Unbewußte. Das sind Kräfte, da hat sie nicht die geringste Ahnung von, da ist ihre ganze Vergangenheit drin gespeichert - und sie mit ihren vierundvierzig verschiedenen Gedanken und Wünschen und Fantasien, - wenn die wenigstens schön wären und nicht bloß nur als schön gewünscht wären.
Manchmal kam's ihr vor als ob sie eher tierischer als menschlicher würde.
Er hatte es schon einige Male an ihr beobachtet wenn

er am Anfang als sie sich kennenlernten und von ihr die Nase gestrichen voll hatte, wegen ihrer Gehässigkeit, die Klauerei die sie tat, die verbalen Schlägereien die sie in den unterschiedlichsten Wegen hatte und anderer Dreck. Wenn er dann zurückkam eine Woche später und sie besuchte, dann sah er mit erschrockenen Augen wie sie sich tatsächlich in ihrem Äußeren mehr zum Tier entwickelt hatte. Höchstwahrscheinlich war der Fickinstinkt mit ihr durchgerannt. Womöglich fand sie dort den Kontakt, den sie brauchte. Ihre Augen waren ganz scharf, ihre Gesichtszüge waren Grimm, sogar ihre Stimme hatte eine andere Schärfe. Das ist keine Evolution, das ist keine Menschwerdung, das ist Regression, primitiv werden, zurück ins Tierreich tauchen. Aber das machten heute ja so viele in den Bars, den Clubs, den nächtlichen Sumpflandschaften der Städte - und dann haben sie Geschwüre am Arsch, Beulen am Körper, Eiter in den Gedanken und vieles mehr.

Raubtier, das wurde sie, das gefiel ihr gerissen zu sein, da grinste sie da sie ja kein Star werden konnte weil sie dazu nicht die Fähigkeit hatte. Die Kraft, die Ausdauer wurde so ihr Antistar, was sie ja selbst sagte, sie würde ein Antistar werden. Und da sie ja keine Verantwortung haben wollte, auch nicht für sich - so sah es ja aus, wurde sie verantwortungslos für sich und andere, - blind mit offenen Augen. Herr „Z" hatte das über die Jahre hinweg beobachtet.

Natürlich war sie auch freundlich, nett, lustig, aber mehr kräftigere Zeichen kamen von der anderen Seite. Und Herr „Z" musste da manchmal selbst aggressiv werden, nur um Einhalt zu gebieten, denn sonst sind solche Wesen ja sogar respektlos mit Denen mit denen sie Zusammensein wollten - und nie reden. Sie würgte es einfach über Jahre ab.

Und nun dies hier, nachts, dunkel, nach dem Getrinke, nach dem Getanze - eingedöst und wieder aufgewacht mit einer Frau die schluchzt weil sich ihr Mann nun angeblich umbringen wird. Dabei ist der mit ‚ner anderen Frau. Wohl weil er das Gleiche satt hat, mal ‚ne Abwechslung braucht, - ist ja auch richtig, jeden Tag das Gleiche braucht nicht zu sein, da wird man nur stumpf von, das ist Gesetz, das ist Verordnung, das ist bewusst eingeimpftes Verhalten.

Aber es gibt auch nette Menschen, Menschen die mehr sich selber trauten, den Mut hatten davon zu reden wie sie lebten, - warum und wofür sie einstanden. Aber dieses Weib würgte nur immer.

Lüg' mich nicht immer an, rief Herr „Z".

Doch die Frau schaute nur.

Er kannte ihre Mentalität zu gut, nun da sie mit einem anderen Mann zusammen war war er ihr Beschützer sozusagen und da ja die tierische Mentalität so funktioniert war Herr „Z" ihr nun mehr als egal, er war eigentlich gar nicht da. Die wusste gar nicht was sie ist, das konnte man sehen, die wurde von einer Seite zur anderen getrieben.

Und Herr „Z" hatte auf einmal eine Explosion, er ergriff die Weinflasche die dort auf dem Tisch stand und schlug sie mit äußerster Wucht auf den Tisch. Die Flasche zerbrach in Hunderte von Glasstückchen.

In dem Moment passierte etwas Interessantes in Herrn „Z", Was die Anderen als große Schnelligkeit sahen, das Fliegen der Glassplitter - vollzog sich in ihm als Zeitlupentempo. Es war so als ob er ganz tief in sich gesunken war und alles ganz langsam, von dort aus gesehen, vor sich ging.

Er sah zum Beispiel die Glassplitter im Zeitlupentempo vorbeifliegen und konnte ihre Brillianz sehen, es war wunderschön diese Flasche zerbrechen zu sehen.

Und er war in dem Moment mit einer tieferen Schicht sei-

ner inneren Quelle in direktere Verbindung gekommen.
Eine sehr große gelassene Ruhe war dort.
Da war Gottbegeisterung in dem Moment.
Er fühlte eine riesige Kraft in sich.
Wut, Wotan der war auf einmal wach geworden. Ein innerer Krafttanz der Freude.
Irgendwo hatte er auch mal gelesen das im Germanischen Wut mit Erleuchtung gleichgesetzt wurde, - natürlich war seine Wut dann noch viel zu mickymouseartig -aber da war was.
Als er dann wieder nach draußen schaute fing die Frau Dornröschen wieder an zu sagen, „aber das kannst du doch nicht machen". Und über so viel Blödheit in dieser Situation musste Herr „Z" nun wirklich lachen.
Hier zeigte sich wieder ihre idealistische Verkorkstheit, - das kannst du doch nicht machen -, dabei hatte sie es doch gerade gesehen.
Nein, sagte Herr „Z", nein, das kann ich nicht machen -und er ergriff eine andere Weinflasche und zerschmetterte auch sie auf dem Tisch.
Leider wurde dabei die Kamera von dem Ehepaar etwas lädiert. Hier siehst du was man machen kann, kannst du's sehen oder nicht. Und das war das Ende der Situation.
Herr „Z" ging dann in die Küche, öffnete das große Glas und nahm zwei saure Gurken heraus, - die erfrischten ihn, das war knackig herzhaft.
Er schaute in den Spiegel, die Wut hatte ihn schön gemacht. Er wurde nicht hässlich, für ihn war's Befreiung, Entspannung auf dem Weg in die höheren Sphären des Innenlebens.
Er wurde nicht tierischer dadurch, er war innerlich anders gelagert, er wollte nicht in die Vergangenheit gehen wie diese Künstlertypen, diese drei mit denen er hier zusammen war. Das war einer der Gründe warum die Schwarz

trugen, sie kommen auf der Suche nach sich selber wenn sie zurückgehen ins Dunkle, - Depressionen und dergleichen entstehen dort.
Aber Herr „Z" ging in die Schichten über dem Bewussten, er ging ins Licht, - hoffentlich würde er dadurch nicht geblendet, - beides kann ja blind machen, - Dunkelheit oder Licht. Die Superbewusstheit, das kosmische Bewusstsein, Tao, Gott, das Absolute, diese Schichten sind ja auch da. Schließlich ist die Welt, die Sterne, die Sonnen, die Planeten, die Welt, die Totalität keine Fiktion, sie ist da, sie muss
geschaffen worden sein, sie ist kreiert worden - und bestimmt nicht von HEINZ-Ketchup.
Die Drei hier, die beschäftigen sich meistens mit ihrer Vergangenheit, die Situation mit ihren Eltern, ihrer Väter, die Lebenssituation mit ihrer Familie. Das war bei Herrn „Z" längst längst vorbei.
Dann fiel Herrn „Z" noch was ein.
Er ging in den Hof und rief der Frau, jetzt wieder ruhig, zu: „Und hast du nicht gestern den Superfick erlebt, war das etwa das Nichts, warst du nicht mit der Zunge über'm Boden, hast du das schon wieder vergessen".
Als das gehört wurde mussten alle Drei laut lachen, ja, über'n Superfick reden das macht Laune, das regt an. Aber andauernd diese Superfickerei, - für Herrn „Z" war das öde. Es ist sowieso ganz selten das man wirklich eine Frau findet, die die gleiche innere Entwicklung hat wie man selber und dann, dann kann das Schöne passieren, aber zu 98-99% ist es nicht der Fall und man kümmert sich nicht mehr so um das Reiben der Materie gegen Materie, - fleischlich natürlich.
Natürlich war Herrn „Z" nach dieser Flaschenknallerei klar das er wieder wusste, dass er das Absolute in sich trug, dass das sein wahres Wesen war. Natürlich, jemanden so

was sagen war nach dem Stand des Wissens, des wissenschaftlichen Allgemeingemüts, reiner Schwachsinn, denn das Höchste war der Bundeskanzler, das Höchste war der Firmenchef, das Höchste war der Professor, das Höchste war der Polizeichef, aber niemals man selber, das waren immer Gesellschaftspositionen, Berufe und dergleichen. Aber er wusste, dass er es war, er würde es auch noch irgendwann sehen werden, - irgendwann mal. Heute Nacht war ihm wieder aus seinem ignoranten Nebel mit ab und zu artigem Erinnern, dass er das Absolute war, klar geworden, dass diese Dornröschen gar nicht sein Bestes wollte.
Mit solchen Menschen will er nicht leben.
Sie wollte vielleicht das Mickrige, das sie selber war.
Sie wollte vielleicht jemanden in ihrer Nähe haben weil sie gar nicht fähig ist alleine ihre Wege zu gehen.
Und wie glücklich war Herr „Z" wenn er alleine war.
Und was sie überhaupt nicht wusste, dass Herr „Z" ein Engel war. Doch Engel haben auch nur limitierte Kraft für Andere. Engel müssen trotz ihrer Engelhaftigkeit auch noch lernen, aufpassen, arbeiten, wach werden.
Und irgendwie waren das auch keine Künstler diese drei Gestalten. Das waren Fälle für Hilfe. Die brauchten Hypnose damit sie endlich mit ihrer Vergangenheit fertig werden konnten, - die sollten zum Backwahn gehen, Zum Freud, zum Adler, zum Jung, zum Bodhisattva, die würden ihnen die Sorgen schon mit dem Knüppel austreiben, so wie es mit dem König damals gemacht wurde. Und überhaupt Künstler, niemals, die waren nicht dazu da um das Höchste, das Schönste, das Feine im Menschen erkennbar zu machen, um die Menschen mit ihrem Besten zu versöhnen, - nein, das konnten nur die wirklichen Künstler.
Das waren hier gedachte Künstler, Gesellschaftskünstler,

die immer auf das Kaputte fixiert waren, so wie die Politiker, weil sie selber so kaputt waren.
Das waren keine Künstler.
Herr „Z" stand da.
Das Ehepaar zog sich dann zurück in den VW-Bus. Dornröschen schaute grimmig, blöde.
Herr „Z" ging noch einmal zum Glas, nahm sich noch eine Gurke um dann zum Wasserbecken zu gehen. Dort setzte er sich auf den Rand des Beckens und nach dem er die Gurke gegessen hatte verfiel er in eine traurige Stille, - aber aus dieser Stille erstieg eine Melodie in ihm. Das war schon immer so, es war auch immer die gleiche Melodie. Diese Melodie tröstete ihn dann. Es war eine Melodie die er ganz einfach so, ohne sie gestaltet zu haben summte, sie war einfach da.
Diese Traurigkeit die er nun beobachtete wie sie in ihm eine ähnliche Morgenstimmung hervorbrachte, wie der baldige Morgen der kommen würde, aber noch nicht da war. Wo die Traurigkeit sowieso danach in Freude verwandelt werden müsste, das wusste er. Er kannte sich, er beobachtete sein Innenleben, ja, er experimentierte damit indem er bewusst Stimmungen in sich zum Vorschein brachte, zum Extremen brachte und dann zusah wie sich die Stimmung in das Andere, entgegengesetzte verwandelte und er eindeutig erkannte, dass er nicht die Stimmung war, sondern es eine andere Schicht in ihm war, -er beobachtete eben nur.
Und so nahm er die letzte Flasche Champagner, öffnete sie und nahm einen sehr sehr langen Schluck, bis er nicht mehr konnte und laut aufstoßen musste. Mensch, war das gut, war das wieder ein Tag, so ein richtiger belebter menschlicher Tag. Mit menschlicher Beeinflussung die jeden der nicht aufpasst genauso irre machen würde wie die Irren, die um einen sind.

Herr „Z" leerte den Rest der Flasche dann, dann legte er sich auf dieser Mauer nieder, mit dem Rücken zum Wasser und dem Gesicht zum Horizont wo bald die Morgenröte leuchten würde und schlief ein. Lange konnte er noch nicht geschlafen haben, denn die Lichtquelle weckte ihn auf, als er auf das zarteste Rosa blickte das er jemals in seinem Leben gesehen hatte, -dadurch sofort ein riesiges breites Lächeln in ihm wach wurde. Eine wunderschöne Sanftheit so aufzuwachen. Und wieder erwachte mit ihm auch der vögelnde Vogelgesang. Quietschvergnügt blieb er auf der Seite liegen und schaute in die Farben hinein wie sie kräftiger wurden, wie der Gesang der Vögel kräftiger wurde, wie er selbst kräftiger wurde, wie durch den Morgenduft alles kräftiger wurde,
Herr „Z" rührte sich nicht denn sobald er das tun würde, würde sich zu viel in ihm verändern. So blieb er dort so liegen bis die Sonne schon ziemlich hoch stand und eine kräftige Hitze herunter raste, die Natur einheizte. Und das wurde dann dem Ehepaar im Auto zu heiß, sie kamen aus dem Auto, sahen mickrig aus, machten lange Gesichter.
Bei dem gemeinsamen Frühstück, eine Stunde später, war eine miserable Stimmung zu beobachten.
Doch Herr „Z" ließ sich nicht von der Schwerfälligkeit der Drei infizieren, er legte nun Kraft ins Leben, in diese Situation. Die Dornröschenfrau war sehr muffig. Als das Ehepaar dann seine kurzen Wege ging, verbat sich die Dornröschenfrau jegliche Einmischung und in ihr Privatleben, auf die Situation vom gestrigen Nachtausflug bis hin zu ihrem Leben.
Nun gut, wieder keine Gespräche, sagte Herr „Z" zu sich, alles wird von selbst seine Wege gehen. Man braucht innerlich gar keine konsequenten gedanklichen Regelungen machen, zu keinem Entschluss kommen, alles befreit sich selber von den Unfreiheiten.

Die Situation zwischen den Vieren war gespannt.
Sobald Herr „Z" seine Sympathie dem Ehepaar lebt, zu lebte, funkte die Dornenfrau dazwischen. Da solche Menschen so wie sie es war aber auf Mathematik aufbauen, also berechnend sind, aber bestimmt keine erhöhte Mathematik können, war Herrn „Z" auch bewusst das sie nun die Geilarsch als Menschenkontakt sah, sich vorstellte und sicher war nun eben auch Herrn „Z" mathematisch unter'm Strich sehen konnte, - als Resultat sozusagen.
Herr „Z" war aber sehr glücklich, er war nicht mit dicken Augenrändern wie die Drei aufgewacht, er war nicht betrübt. Er war nicht auf Mathematik aus, er war nicht auf Geheimnistuerei aus wie die Dornenfrau, er war nicht auf Manipulation aus, - Egöchen, dummes Egöchen. Das stank der Frau immens, sie gönnte ihm nicht das er froh war. Sie gönnte ihm nicht das er schon wieder ein Manuskript fertigstellte. Sie gönnte ihm nicht das er sein Geld leicht machte. Sie gönnte ihm nicht das er freundlich zu anderen Menschen war. Dabei stellte sie sich von sich selber vor, dass sie für das besondere Wesen, für den neuen Menschen kämpfte, für eine andere Lebensform, für den Neu-tag, nicht den All-tag, - aber all das war eigentlich nur um das Ego in ihr zum Rumoren zu bringen. Und Herr „Z" wollte solche Lächerlichkeiten gar nicht, er arbeitete nicht an der Verbesserung der Welt oder der Lebensverhältnisse, er lebte für ihn, war er Selbst, das Beste, er brauchte sich nicht zu verändern, - eine Maske zu entwickeln.
Jedenfalls wurde klar, die Frau, sie war schwach nicht nur auf der Brust, nein, sie war auch unfähig ihre Schwäche sich selber zuzugeben und deswegen wollte sie sich immer stark machen, kämpfen, zerstören, - gegen Andere sein - die natürlich stark sind.
Sie war ein Intrigenweib, ein billiges Weibchen ohne Kraft in ihren Brüsten, das sich mehr und mehr für's billige Un-

qualitative entschied, - sie kannte sich eben nur zu drei Prozent.
Und wenn man den Menschen dann mehr und mehr nicht zufrieden lässt, ihn mehr und mehr beobachtet und mehr und mehr seine wahre Kraft zeigt, so zeigt sich auch beim Andern seine wahre Innerlichkeit, - so wie sie zu diesem Zeitpunkt entwickelt ist.
Die Filmarbeiten wurden dann trotzdem gedreht. Nur einmal wurde die Dornenfrau gebraucht. Eine Szene sollte so gestaltet werden das Herr „Z" aus Berlin kommt, die Frau auf ihn wartet und sie beide aufeinander zulaufen, sich umarmen und während der Drehungen sich dann, als er die Frau drehend durch die Luft angehoben hat, dreht. Filmisch die beiden dann Nackt drehten, das war durch einfache Trickaufnahmen möglich. Als es dann darum ging nun mit Bewusstsein diese Szenen zu gestalten und nicht aus dem Unbewussten gelebt werden konnte, wo man sich also produzieren musste, -professionell werden musste, da spürte Herr „Z" in einer der Drehszenen so deutlich die abgrundtiefe Zickigkeit von ihr. Ja, er konnte eindeutig feststellen, dass sie das Bewusstsein hasste und das Unbewußte als das Bewusstsein deutete das sie war, - auf der Ebene sie lebte. Er spürte wie sie wütend wurde, dass er so leicht, so easy, so locker sich produzieren konnte, - dass sie wütend wurde und ein kleiner Kampf physikalisch sich in ihr gegen ihn entwickelt hatte. In dem Moment war Herrn „Z" ganz klar, dass sie zu den Wesen gehörte die das Mickrige liebten - und die aber nur Menschen um sich haben konnte die selbst mickriger, aber bloß nicht besser waren. Da konnte aus ihr und ihren Idealen ja nur Mickrigkeit entstehen, - mit anderen Worten, sie war gegen das Leben das Herr „Z" war und hatte.
Da aber nun keine Einmischung mehr sein sollte redete

Herr „Z" nicht mehr und wollte auch nicht mehr. Ein klarer Männerhass kam in ihr zum Vorschein. Sie hatte keinen Mut, sondern nur ausgeklügelte Geheimnistuerei. Später als er alleine war dachte er nochmal an die Anfänge ihrer fünfjährigen Reise zusammen. Er wusste das sie am Anfang oft geklagt hatte, dass er sie sowieso nicht braucht. Sie fühlte sich dadurch ungebraucht. Damals war ihm noch nicht klar genug, dass wer sich ungebraucht fühlt der kennt sich nicht, der ist chaotisch, der macht viel Mist, der hat viel Ärger, - macht viel Ärger weil er sich innerlich minderwertig fühlt. Solch ein Mensch entwickelt schleichende, zerstörerische Energie, Geheuchel, Raffinesse, Tricks. Das stimmte, Herr „Z" brauchte sie auch nicht. Aber sie gefiel ihm, - er war nicht mit einer Frau zusammen weil er sie brauchte, - niemals. Er war mit ihnen zusammen weil er sie liebte, - aber brauchen, - dieser Ekel, - niemals. Aber womöglich war es die biologische Ebene die solche Einsichten damals mit Illusionen verdeckte.

Sex war's, der dann die tiefere Einsicht erschwerte. Sie war damals schon wie so'n Polterschwein in Berlin herum getorkelt. Das war sie eben, - OK. Aber nun, nun war sie auf solch einem Egotrip der zu sehr gegen den ging mit dem sie ja zusammen leben wollte. Und diesmal passte Herr „Z" sehr auf, er wollte nicht ins polterschweinische Leben gezogen werden, im Zusammenleben mit einer Frau die in Wirklichkeit gar keine ist.

Er ließ sich nun treiben, ziehen,zerren,er ließ sich wegstoßen, wegtreiben, anmotzen und anekeln. Dadurch geht alles von selber. Er würde gar nicht mehr durch eigenes Zutun die Situation beeinflussen wollen. Es gibt ja die Menschen die werben, sind nett, sind freundlich, sind so fantastisch - und alles ist nur Raubtiermentalität der Tiermenschen. Wenn sie den anderen Menschen glauben zu haben, dann töten sie ihn langsam, vergiften ihn

mit ihrer giftigen Aura. Die nächsten drei Tage vergingen wunderschön. Der Film wurde zu ende gedreht. Das Ehepaar hatte etwas Zeit für sich, ging ihre eigenen Wege, erholte sich.
Dornröschen hetzte viel gegen das Ehepaar, freute sich schon wenn sie wieder weg sind.
Eines Spätnachmittags, mehr zum Sonnenuntergang hin, waren die Vier dann doch wieder vergnügt zusammen am Haus.
Ein starker Wind kam auf - und mit ihm einige mächtige dicke Wolken. Und tatsächlich fing es nochmal zu regen an. Alle andern liefen ins Haus, doch Herr „Z" war von der brisanten Stimmung der Natur selbst so brisant geworden. Das Brausen des Windes regte ihn an. Das andere Licht brachte eine Faszination zum Vorschein - und die ersten und für mehrere Monate bis Dezember letzten, Regentropfen fingen an zu fallen.
Sofort lief Herr „Z" in den Olivenbaumgarten und nahm den großen orangenen Sonnenschirm und spazierte vor dem Haus her. Die anderen Drei schauten aus dem Haus durch die Tür wie sie bei Pferdeställen zu sehen ist wo der Kopf und Hals zu sehen ist, und lachten als er so witzig mit dem Schirm gegen den Wind anging und mit dem Regen und Wind und Schirm zu tanzen anfing.
Herr „Z" verschwand dann aus der Sicht der Drei als er um die Ecke ging auf den Feldweg. Er war keine zwanzig Meter gegangen und er war sehr lustig als die Erleuchtung passierte,
denn,
ein schwacher,
keiner von denen die sonst den Himmel erleuchten,
ein kleiner Blitz zuckte - nämlich von der Erde zum Himmel. Und Herr „Z" stand genau auf der Stelle wo der Plus-Minus-Entladungspol sich freimachte.

Blitzartig fiel er um.
Er war sofort ohn-mächtig. Er war möglicherweise ommächtig. Doch dann, genauso blitzartig, stellte er fest das er gar nicht ohnmächtig war, denn er lebte ja. Zwar lag der Schirm dort auf dem Boden und wurde vom Wind zurück zum Haus geweht.
Ja, und was war das dort unten, dort lag er auch, - aber zur gleichen Zeit lebte er doch.
Er wusste nicht das sein Körper ohnmächtig war, nicht getötet und wie fantastisch, er war tausendemale leichter, freier, angenehmer, - er hatte zwei Körper. Der eine lag ja da unten, er musste also zwei Körper haben. Das war also der Bioplasmakörper in dem er nun war. Das sind also die Geister die man sehen kann, deren physikalische Körper aber schon längst verwest sind. Das war also der Energiekörper, der Pranakörper der Inder oder der bioenergetische Körper, das war also der Orgonkörper, aber er war immer noch in diesem Körper, wer war er also.
Doch so weit kam er nun gar nicht, denn der Wind hatte den Schirm direkt bis zur Hausecke getrieben und nun sahen die Drei den Schirm und kamen sofort aus dem Haus gerannt. Und sie sahen den physikalischen Körper von ihm dort liegen. Er schwebte etwas erhöht in der Nähe seines physikalischen Körpers.
Sie konnten ihn aber nicht sehen.
Er hörte wie sie redeten, versuchten ihn aufzuwecken. Dann trugen sie seinen Körper in Haus und fluchten weil's so schwierig war.
Und Herr „Z" merkte nun wie er die Möglichkeit hatte endlich sich von dem Körper zu entfernen, er merkte wie eine wunderschöne Glücklichkeit ihn anzog, - weg von seinem Körper der da lag und ziemlich kalkig aussah und fast nicht mehr atmete.
Die Drei waren nervös. Sie reinigten erstmal sein Gesicht,

das mit Lehm beschmiert war und träufelten ihm Wasser auf die Hände und die Stirn.
Doch dann auf einmal, ganz schnell wurde Herr „Z" wieder Eins mit seinem physikalischen Körper, - ganz ohne sein bewusstes Zutun. Der physikalische Körper hatte sich wieder erholt - und nahm so den feineren Energiekörper wieder an - oder war es umgekehrt. Der physikalische Körper hatte sich in der chronologischen U(h)r-Zeit wieder erholt, er war nochmal in die kleine Zeit zurückgekehrt - und mit ihr der zeitlose Herr „Z". Das wusste er nun.
Herr „Z" erholte sich sehr rasch, sehr sogar.
Natürlich ging die Fragerei los und die Drei glaubten ihm nicht das er vom Blitz getroffen wurde, er hätte sich verstellt um Aufmerksamkeit auf sich zu lenken, war deren Synthese der Erkenntnis. Das glaubten sie dann.
Herr „Z" wollte nicht weiter davon reden. Für ihn war es ein großer Schritt in die Richtung zu erkennen wer er wirklich ist. Er sah schon nach kurzer Zeit noch schöner aus als vorher, er leuchtet förmlich, er fühlte sich noch leichter als vorher, noch freier. Doch er sagte keinem mehr etwas davon.
Die Tage vergingen. Helmut beschwerte sich oft wie miserabel das Leben auf der Film- und Fernsehakademie in Berlin war. Reines Gift war es. Nur Konkurenz, nur Neid, nur gegenseitiges Kaputtmachen. Aber er musste da durch um seine Papiere zu erhalten, - durch den Gestank der Neider, Hasser, Kaputtmacher, - so ist es nunmal.
Als die Beiden wieder alleine waren, Herr „Z", Dornröschen, geriet die Frau mehr und mehr in den Einflussbereich der Geilarsch und ihrer Sanyassintruppe.
Mehr und mehr Intrigen, mehr und mehr Kaputtgerede gegen Andere, mehr und mehr konnte sie weniger und weniger mit ihm reden, - aus Heimlichtuerei - weil Herr „Z" ja nicht dafür war.

Damit war er in ihren Augen gegen sie - und das stimmte, er wollte sich nicht mit Menschen abgeben die andere Menschen andauernd kaputt reden.
Herr „Z" sah, dass für die Frau in Wirklichkeit der Weg des Kaputten sie vielleicht wacher machen würde. Sie musste erst mit dem Kaputten so stark konfrontiert werden, dass ihr die Augen wirklich aufgehen und sie ein für alle Male die Nase davon voll hatte. Bloß das immer wiederkehrende Leben würde sie auch jedes Jahr mit mehr und mehr stärkerer Kaputtheit in Verbindung bringen und Herr „Z" wusste es. Deswegen wollte er für sich einen anderen Zyklus erleben, er baute andere Energien auf. Und an dem Tag als er die Insel verlassen hatte - hatte er auch die Frau verlassen.
Sie dachte er würde zurückkommen, er wollte ja bloß Geschäfte machen um wieder Geld für mehrere Monate zu haben. Sie hatte nämlich keines mehr, ihr Vater lieh ihr keines mehr und Geilarsch machte Druck wegen Dreihundert Mark, - aber auch Herr „Z" wollte nicht mehr für sie zahlen. Herr „Z" sendete ihr dann noch eine seidene Unterhose zur Erinnerung an vergangene Erotik, - in Naturseidenfarbe, fünfundneunzig Mark.
Er würde nie mehr dort zurückkommen zu ihr.
Nein, er würde eine fantastische Reise mit einer anderen Frau machen, - Kanada, Florida, Virgin Islands, Spanien, Marokko, - er würde weiterlieben, nicht weiter kämpfen. Aber sie, sie würde Sanyassins treffen die erstmal die Zeit des Encounters erleben mussten, die erst kämpfen mussten. Mensch, war die Frau blöd -und der Fick den sie dann bekam, der war ihr zu kurz weil's ja Gekämpfe ist, weil ja kurz und bündig gesiegt werden soll. Und es sollte noch schlimmer kommen, die beschützende Aura der sie sich entzogen hatte als sie noch für ihn war und nicht ihre Dummheitsaura entwickelte, war nun der Weg. Und sie

wurde eines Tages leider sogar vergewaltigt, - aber davon hatte sie ja auch schon sehr oft geträumt mal so richtig genommen zu werden, so richtig den muskulösen wilden Mann, der einen Ständer hat der dreimal so dick ist wie der eines Pferdes und ihre Muschi nun wirklich nimmt bis er ihr aus dem Mund kommt, der sie dann in ihrer wilden Fantasie zum ekstatischen Zerreißen des Körpers bringen würde, der sie einfach nimmt ohne das sie sich dagegen wehren kann. Aber natürlich würde sie das niemals zugeben das sowas in ihr ist, - niemals,
sie würde Andere und sich selber anlügen. Trotzdem, die vorgestellten Energien, die wirken in die Welt hinein, die treffen auf Andere die die aufnehmen, die sich dahin gezogen fühlen, - die wollen Verwirklichung. Und da sie sich in ihrer zügellosen Wildheit so sehr in die tierische Wildheit gesteigert hatte, trifft sie natürlich auch auf solche die selbst noch wilder sind. Aber das kannte er ja von ihr, sie fiel immer in die gleiche Falle hinein, - die selbst in ihr war, diese Falle. Natürlich hatte sie dann ein großes Wehleid zu klagen und war nun völlig ruiniert, zog sich zurück. Natürlich waren die Andern schuld, das waren die immer bei ihr.
So ist's nunmal, denn der Anfang des Universums - ist die Mutter der Dinge. Wer die Mutter versteht, versteht auch die Kinder. Die Kinder Verstehen - und doch in Kontakt bleiben mit der Mutter, - so begegnet man bis zum Tod keiner Gefahr. Hüte deine Zunge, schließe Augen und Ohren - und du wirst dein Leben lang nicht erschöpft sein. Viel reden und immer geschäftig sein, - dann ist dein Leben ohne Hoffnung.
Das Unbedeutende erkennen - heißt Erleuchtung. Das Weiche bewahren - heißt stark sein. Gebrauche deinen Verstand - und erkenne wer du bist, so bewahrst du dich vor Schaden. Das heißt - dem ewigen Weg folgen.

Auf dem war Herr „Z" nun weiterhin.

München, 24. September 1985

Bisher erschienen oder in Vorbereitung:

Meditative spirituelle Schwangerschaftslösung Sachbuch & Buddhas höchste Lehre Sachbuch (nach 2600 Jahren zum ersten Mal ins Deutsche übersetzt) & Spirituelle Transformation der Industrie Anleitung zur Oualitätssteigerung . Mit dem Solar- Kanu zur Hudson Bay (3000 Kilometer von Saskatchewan zu den Eisbären) Expeditionsbeschreibung . Kohlenhydrate Eddy Verrückte Erzählung. Modernes amerikanisches Management In München Wahre Kriminalerzählung & Die blitzartige Erleuchtung des Herrn „Z" Humorvolle Erzählung & Wiedergeburt und Erleuchtung des Jungen Werther In Marrakesch Humorvolle Erzählung. Reise zur Fraueninsel Komische Liebeserzählung & Die Realität des Geleerten Seltsame Erzählung mit Erfahrung des übernatürlichen Lichts & Sigurd Lichtlos oder die Menschwerdung eines Engels Meditative Kriminalerzählung & Als Jesus noch blödelte Die Witze die Jesus erzählte, der Vatikan jedoch verbot & Als Ich noch Jude war Erfahrungserzählung & Der Detektiv Detektiverzählung auf spirituellem Niveau & Salziger Honig Liebeserzählung & Gott mit Koffer und Handtasche auf der staubigen Landstraße zur bedingungslosen Liebe Poetische Erzählung & Abschied vom Angeln Erzählung & Mit Lachsen und Grizzlys am Babine River In British Columbia Erzählung & Sogar in Kanada lebt der Blues der Germanen Verrückte wilde Erzählung. Die Auflösung Tagebuch - Tage & Sie nannten Ihn Fuzzy Wenn 10-Jährige missbraucht werden, Erzählung & Liebe stinkt nicht Theaterstück & Der Sinn des Papalagie Witzige Antworten & Ausbildung zum spirituellen Therapeuten Ein persönliches Lehrbuch & Die Meisterin Ching Hai & Rosa Frühling in Montreal Erotische Erzählung & Reise zur Badewanne & Erleuchtung durch alkoholische Getränke & Psychologie der Meister &

Demokratie Faschisssmuuus & Das Mantra „Mich selbst erkennen"

Wolfgang Eckhardt Schorat
Heinrich-Heine-Straße 17 . 34596 Bad Zwesten
Telefon u. Fax 05626-1414

Herr „Z"

1. Auflage 2014
  TonStrom Verlag
  Heinrich-Heine-Straße 17
  34596 Bad Zwesten
  Tel/Fax (05626)-1414
  Herstellung: BoD GmbH
  Umschlag: Schorat
  Layout : Schorat
  © by Wolfgang Schorat
  Printed in Germany

  ISBN 978 - 3 - 932209 - 18 - 5

webseiten von schorat

www.www.ararat-foto-ansichten.de
www.meditative-transformation-der-industrie.de
www.olhos-de-aguas-1974.de
www.nilgans-im-schwalm-eder-kreis.de
www.anleitung-zum-verhalten-in-finanzkrisen.de
www.shizzo-berlin1980.de

www.ingramcontent.com/pod-product-compliance
Lightning Source LLC
Chambersburg PA
CBHW071610170426
43196CB00034B/2286